WAC BUNKO

日本を覆うドリーマーたちの「自己陶酔」

門
高

WAC

はじめに――リアリズム無視の観念論への「挑戦」として

二十年後、三十年後から「いま」を振り返ったら、人々はどんなことを思うのだろうか。最近、そんなことを考えることが多くなった。おそらく歳のせいだろう。

昭和三十年代前半に生を享《う》けた私は、まもなく平成が終わり、次の元号になることによって、「三代」の御代《みよ》を生きることになる。

本文でも出てくるように、五十年後には、日本の人口は統計上、六千五百八十一万人になることが明らかになっている。しかし、政治は、この「少子化」という根本的な問題に何も手を打てないでいる。

日本には、かつて「産めよ、育てよ」という時代があった。兄弟姉妹が四人も五人もいる家庭が普通だった頃があったのである。

さすがに、そんな時代を再来させるべきだとは、思わない。だが、国が衰退することがわかっているのに、それに何も手を打つことができない現状について、後世の人はどう思うのかと、つい考えてしまうのは事実である。

テレビで、中年のおじさん、おばさんを呼び寄せて、何十年も前に埋めたタイムカプセルを掘り出す番組などを、ちょくちょく見かけることがある。

自分自身に宛てた手紙を目にして涙を浮かべている中年、あるいは初老の男女の姿を見ると、「未来」とは希望に満ちており、その未来にいる自分への「期待」がいかに大きかったかが、番組の中では表現されている。

そして、それは未来にいる自分に対する「不安」の裏返しであったことも、登場人物の表情からは読み取ることができる。

「いま」から見た「未来」は、人間にとっては想像もつかないが、さまざまな情報によって、自分を律したり、あるいは、自分を取り巻く環境をできるだけコントロールすることは可能だろう、と思う。

私は、髙橋洋一さんとの対談を依頼された時、未来から見たら、この話し合いはどのように映るのだろうか、と真っ先に考えた。

読売テレビの「そこまで言って委員会NP」で髙橋さんとご一緒したことはあったが、私が正式に対談形式で髙橋さんと話し合ったのは、ネット番組の「ちゃんねるクララ」が最初だった。

歯に衣《きぬ》着せぬ髙橋さんの話は、すべてに具体的なエピソードを伴っており、しかも、知的なユーモアに満ちていた。初めての対談は、番組スタッフが困るほど、予定の時間をオーバーしてしまったのである。

髙橋さんの話の特徴は、数字の裏づけがあり、きちんと論理で説明できる部分はそう語り、そうではない箇所は、はっきりとその曖昧《あいまい》性を指摘する点にある。

つまり、多くのエピソードがあり、さらにはユーモアがあり、数字上の裏づけをもって話が展開されるのだから、おもしろくないはずがない。

これほど引き出しの多い人と話ができるというのは、私にとっては、至福の時間だった。ジャーナリズムの世界は、私のような文系人間が主流だが、学者でもある髙橋さんは、その対極にいる人物であることがわかり、だからこそ、髙橋さんの話が新鮮で、いちいち腑《ふ》に落ちたのだろうと思う。

それと共に、話し合うたびに思ったのは、髙橋さんのなんとも言えない人の好さである。表情から醸《かも》し出される人間味が、話の端々に顔を覗《のぞ》かせるのだ。

厳然たる数字に裏づけられた数々のエピソードと、その人間味とのアンバランスさが、多くのファンを惹《ひ》きつけている理由ではないかということがよくわかった。


話は、『新潮45』の廃刊騒動にはじまり、マスコミのあり方、憲法論、経済政策、世界の中の日本……等々、多岐《たき》にわたっていった。

髙橋さんと私の共通点といえば、やはり、二人とも究極のリアリストであることではないかと思う。リアリズムを無視した観念論が支配するマスコミ・ジャーナリズムの世界で生きてきた私にとっては、髙橋さんの話に、「そうだ、そのとおり！」と相槌《あいづち》を打ちたくなるものが本当に多かった。

そして、話が進むごとに、髙橋さんが私と同じ問題意識を持っていることに大いに意を強くした。対談が至福の時間だった所以である。

詳しくは本文に譲るが、いまを生きる人たちが「変革の時代」にいることは間違いない。過ぎ去ってみて初めてこの時代がいかに「過渡期であったか」がわかるのではないかと思う。

その共通認識を持った髙橋さんと私が、未来に向けてどのくらい日本の問題点を具体的に指摘し、同時に展望を語り、さらには警鐘を鳴らすことができただろうか。本書はそのことに「挑戦」したものでもある。

現代の人々にこの対談を読んで欲しいのはもちろんだが、私は、未来の日本人にも、是非、これを読んで欲しいと思う。

そして、願いが叶うなら、何十年後かに私自身の「タイムカプセル」として、本書を是非、読んでみたいのである。

二〇一八年十一月

門田隆将

（作家・ジャーナリスト）

日本を覆うドリーマーたちの「自己陶酔」

目次

取材協力／加藤貴之
装幀／須川貴弘（ＷＡＣ装幀室）

第一章

「闘争心」を失ったジャーナリズムに「明日」はない

なぜ、杉田水脈論文（『新潮45』）は叩かれたのか

編集部　平成三十年（二〇一八年）は、改元前年ということもあったのか、大きな区切り、転換の年でもありました。国内では、平成最大のテロ事件（地下鉄サリン事件・一九九五年・平成七年三月）の張本人・オウム真理教元代表の麻原彰晃（本名・松本智津夫）らの死刑執行が七月六日、二十六日に執行されました。このことについては第三章で論じていただきますが、国際政治では、なんといっても米朝会談（六月十二日）が行なわれ、トランプ大統領と金正恩が握手をして見せたのが大きな動きでした。

国内政治では、安倍晋三首相が、自民党総裁選挙で石破茂さんに大勝し、平成を超えて安倍政権が続くことが確定しました。朝日新聞をはじめとする一連の「モリ・カケ」虚報報道にもかかわらず、安倍政権の支持率は安定したものがあります。

日本の「平和ボケ」を醸成してきた憲法九条改正への日程もいよいよ煮詰まってきた感がありますが、ここにきて、「観念論」を弄ぶ勢力にとって、安倍政権へ一矢むくいることができて快哉を叫んでいるであろう事件（『新潮45』廃刊）が発生しました。

まずはそのあたりから……。

門田　大阪維新の会から次世代の党へ、そして安倍首相の肝入りで自民党に移り、この前の総選挙で比例中国ブロックで当選した杉田水脈《すぎたみお》さんの論文に端を発した『新潮45』休刊（廃刊）騒動には唖然とさせられました。どんな圧力にも屈しなかった新潮社がこれほど脆弱《ぜいじゃく》な会社になってしまったのか、と新潮社OBとして信じられない思いですというのも、彼女が『新潮45』（二〇一八年八月号）に書いた「『LGBT支援』の度が過ぎる」と題した記事が「差別的だ」と批判・糾弾されましたが、私にはどこが「差別的」なのか理解できなかったからです。先ず指弾された箇所を抜き書きしてみます。

「行政が動くということは税金を使うということです。例えば、子育て支援や子供ができないカップルへの不妊治療に税金を使うというのであれば、少子化対策のためにお金を使うという大義名分があります。しかし、LGBTのカップルのために税金を使うことに賛同が得られるものでしょうか。彼ら彼女らは子供を作らない。つまり、「生産性」がないのです。そこに税金を投入することが果たしていいのかどうか。にもかかわらず、行政がLGBTに関する条例や要綱を発表するたびにもてはやすマスコミがいるから、政治家が人気とり政策になると勘違いしてしまうのです」

日本の人口が減少の一途をたどるなか、半世紀後の二〇七〇年には、日本の人口が統計上、六千五百八十一万人になってしまうことが明らかになっています。つまり、今の半分です。その頃には、日本は中国のひとつの省になっているだろうなどという人もいるほどです。少子高齢化が日本国始まって以来の「国難」であることは間違いない。それにもかかわらず、国や自治体には、ろくな少子化対策がなく、じり貧状態が続いている。彼女は、そのことを嘆いており、非常に読み応えがありました。

LGBT（L＝レズビアン、G＝ゲイ、B＝バイセクシャル、T＝トランスジェンダー）の方々を差別するような意図は、微塵《みじん》も感じられませんでした。なのに、なぜ、こんな大騒動になったのか。

彼女は、大阪維新の会から当選した時には国会で、落選中にはジャーナリズムの世界で、慰安婦問題などで、左翼陣営をかなり積極的に論難していた。

『慰安婦像を世界中に建てる日本人たち　西早稲田発→国連経由→世界』（産経新聞出版）、『なぜ私は左翼と戦うのか』（青林堂）、『韓国人の皆さん「強制連行された」で本当にいいの?』（扶桑社）という著作もある。

『慰安婦像を世界中に建てる日本人たち 西早稲田発→国連経由→世界』では、西早稲田の某特定住所番地にて蠢《うごめ》いている何十もの各種団体から発信している怪しげな根拠のない「反日情報」を検証。それらが「国連」のさまざまな「委員会」などに「報告」され「権威」あるものに変質して、日本に逆輸入され「国連勧告」となり、日本叩きに使われている構図を明らかにもしました。だから左翼陣営の運動家や団体にとっては、まさに「目の上のタンコブ」でした。このうえなく、消えて欲しい、目障《めざわ》りな存在なわけです。それもあって、『新潮45』問題で、朝日をはじめとして、針小棒大に徹底的に叩かれたのです。

髙橋 でも、杉田さんは、門田さんのようなジャーナリストではなく今や国会議員でしょう？ 落選中の時ならいざしらず、もう雑誌じゃなくて、国会で、厚労省相手に、そういう問題を提起すれば少しはマトモな議論ができたのに何故しなかったんですかね。

門田 髙橋さんらしい、斜めに構えたご意見ですね（笑）。

髙橋 最初、その論文を読んだ時、杉田さんが何を言いたいのかよく理解できませんでした。なぜなら、批判されたキーワード「生産性」を、きちんと定義していなかったから。

私は理系の人間だから、普段、読み手によって解釈が分かれる「多義性」のある文章は読まないんです。

そもそも、活字に関していえば、論文以外あまり読まない。本も読まない。そのあたりのことは、ワックから出ている拙著『「文系バカ」が、日本をダメにする――なれど〝数学バカ〟が国難を救うか』で詳述しているから、ここでは省略しますが（笑）。私は自分で文章を書く時、できるだけ具体的な定義をして、客観的なデータや数字を使って「多義性」をなくそうとしています。それでも、間違って解釈されることがある。

大学入試（国語問題）で杉田論文が出題されたら

門田　たしかに、おっしゃる通り、「多義性」こそ、今回の騒動を紐解《ひもと》く上で重要なポイントです。百人の読者がいれば、百通りの読み方がある。

例えば、私の『太平洋戦争　最後の証言』（小学館）に対して「戦争を美化している」と批判する人もいれば、「戦死者を否定するのか」と、正反対のことを言う人もいる。実際にはどちらでもないのですが、ある一つの文章や本に関して、評者・読者によって、正反対の意見が飛び交うのが常です。しかし、私はどんな解釈をしてくれても構わないと思っています。多様な言論が飛び交い、そこで生じた自由な思考空間を守ることが「言論・表現の自由」の根幹だからです。

にもかかわらず、『新潮45』事件では、杉田論文はケシカラン、差別的だという罵声ばかりを、朝日新聞をはじめとするマスコミが喧伝《けんでん》した。つまり、自分の「読み方・感じ方・受け取り方」を他者に押しつけ、「言論・表現の自由」を圧殺したのです。

また、その中では、発言の中の一部の「言葉」や「文章」を引っ張り出して来て、不正確に引用したり、歪めたりして論難する、一種の〝ストローマン手法〟が駆使されました。短文のツイッター全盛時代の今、論文全体を読むことなく、一部を取り出して切り貼りして非難して騒ぎを拡大していく「炎上」による方法は、一部の政治勢力が得意とする手法です。ああ、いつものことをやっているなあ、と思いましたね

髙橋　あっ、それは私もよくやられますよ。言ってもいないことを言ったとされてしまう。言葉尻をとらえてやる。そういう姑息《こそく》で卑劣な手合いに対しては、「人の書いた文章をよく読め」と言えばいいだけ。

門田　もし、どこかの私立大学が杉田論文を現代国語の入試問題に出して、先の一節の

ところに傍線を引いて、「ここで著者は何を言いたいのか二十五字以内で記せ」なんて問題が出たとしますね。正答（模範解答）はどうなると思いますか？

髙橋　大学入試問題に私の文章が出題されて、同じような設問がなされたことがありますが、模範解答をみると、私が言いたいこととはまったく違っていました（笑）。今回の杉田論文ならば、当然、出題者の考える模範解答は「ＬＧＢＴへの差別意識を助長しようとしている」でしょうね。

門田　私が受験生なら、「安倍政権や行政機関の少子化無策に対する猛烈な批判だ」と書きます。「安倍政権」と入れておけば、×ではなく△で、配点が十点なら、三点ぐらいもらえるかもしれない（笑）。しかし、先に言ったように「百人いれば、百人の読み方がある」ということが民主主義社会の根幹です。髙橋さんなら、なんと書きますか？

髙橋　私なら「『生産性』の定義がなく、何を言いたいのか分からない」と書くなぁ。

門田　あぁ……、それだと間違いなく×で、点数はゼロですね（笑）。

髙橋　ケシカラン！　国語は小学生の時から苦手科目だったけど、この問題には、そう書くのが論理的帰結として正答ですよ（笑）。

『週刊文春』と『週刊新潮』は逃げたのか

門田 ともあれ、八月号の杉田論文は一方的にマスコミでは批判されました。朝日新聞などが、これみよがしに杉田叩きをした。『アエラ』などは、オンラインで、杉田さんの人相の悪そうな写真付きで、『幸せに縁がない』人相だという観相学の専門家の記事を載せたりもしました。女性に対して「容貌《ようぼう》」をもとにした報道するのは明々白々な差別報道です。立派なセクハラですよ。タカ派の女性相手なら、そんな差別報道も許されると考えたのでしょう。たとえば、もし、上野千鶴子さんにそんなことをしたら……フェミニスト陣営は黙っていないでしょうね。

さすがに、朝日新聞も、二つの吉田虚報事件(吉田清治慰安婦虚報&福島原発の吉田昌郎所長・調書虚報)の時と違って、即座に、お詫び記事をネット上で出しました。

――『アエラ』編集部は七月二十七日夜、「杉田水脈衆院議員の顔は『幸せに縁がない』? 観相学で見てみたら……」と題する記事をAERA dot.で配信しましたが、内容が不適切なものであったため、同二十八日未明に全文を削除しました。杉田議員と関係者の皆さまにおわびいたします。(2018. 7. 30 18: 00)

ＮＨＫも、「ニュースウオッチ９」(八月三日)で、難病患者支援団体の女性事務局長が登場して「杉田議員の文章を読んで、真っ先にひらめいたのは(相模原障害者殺傷事件の)植松(聖・被告人)と根っ子は一緒だ」とやった。そして二人のキャスターは「浅はかとも言える言葉に、反発や嫌悪感を憶えた人は少なくないのではないでしょうか」(桑子真帆氏)、「人ひとりの価値を数字ではかるような考え方、受け入れることはできません」(有馬嘉男氏)と、一方的な視点から指弾・批判しました。どう考えても、多様な言論ではなく、ある特定の見解を視聴者に押しつけるものでしかありませんでした。

本来なら、朝日新聞やＮＨＫに疑義を示すべき『週刊文春』も、朝日とＮＨＫに同調して、「杉田水脈衆院議員に『育児丸投げ』『不倫』騒動を糺す」(八月九日号)といった火に油を注ぐ報道をしていましたね。

髙橋　門田さんの古巣の『週刊新潮』はまったくの「沈黙」。これでいいんですかね?

朝日と小川榮太郎さんは「天敵」同士

門田　いや、新潮社は、満を持しての反論特集（『そんなにおかしいか「杉田水脈」論文』）を『新潮45』（十月号）で組みました。ここまではいいんです。いかにも、世間からの批判を「真っ向から受けて立つ」新潮社らしい編集方針だった。これを「炎上商法」とかいう人がいるみたいですが……。まあ、これには炎上を狙って何が悪いと言うべきでしょう（笑）。

ともあれ、その中には、文芸評論家の小川榮太郎氏が得意の逆説的、かつ皮肉を交えた難解な表現による論文『政治は「生きづらさ」という主観を救えない』が掲載されていた。これが、杉田論文以上に誤解を生みました。「これは、痴漢をする権利を認めよ、というトンでもない論文だ。こんなものは許せない。廃刊しろ」という非難が湧き起こったわけです。

私も論文を読んでみましたが、難解な文章でしたね。私は、もっと諧謔《かいぎゃく》的な表現方法で書けばいいのに、と思いましたが、それは小林秀雄を愛する、文芸評論家たる小川氏の持ち味であり、それを「買っている」からこその編集部の執筆依頼だったのでしょう。しかし、ここで読む側には、〝常識〟が働くはずです。そそそも「痴漢をする権利を認めよ」などという滅茶苦茶な論理の文章が掲載されるだろうか、そんなことを言う人間が言論人として存在していられるだろうか、という〝常識〟です。本当にそうなら、そもそも、そんなものが掲載されるわけがないんです。

髙橋 ちょっとまどろっこしい文章ですね。私は途中で読むのを止めてしまった（笑）。

門田 確かに、読みにくい文章であることは間違いありません。もしかすると、ボツにする編集者もいるでしょう（笑）。でも、奇抜なレトリックを駆使した小川さんらしい文章といえば、まさにその通りの文章です。さて、ここで問題ですが、「著者（小川氏）は何を言いたいのか、三十字以内で答えよ」と問われたら髙橋さんはどう答えますか？

髙橋 まさか、マスコミがそうだと言っているように、「同性を愛するのも痴漢するのも人の欲望のままで許される」と考えているんだと書くわけにもいかないでしょうね（笑）。そんなことは書いていない。

門田 私は、「政治が〝個〟の権利を際限なく認めて拡大していったなら、最後は、痴漢の権利さえも認めなければいけなくなるぞ」ということを、小川さんは警鐘を鳴らしたいのだろうと思いました。

『新潮45』（十月号）は、この小川さん以外にも、藤岡信勝さんや、同性愛を告白している元国会議員の松浦大悟《だいご》さんなど、多種多様多義の見解が表明されていて読み応えのあるものでした。まさしく、「雑論」を掲載する「雑誌」の面目躍如、賛否両論を巻き起こすことを承知の上での編集だったと言えます。

ところが、この特集に関して、新潮社内から異論が出てきたということで、これまた朝日新聞をはじめとするマスコミが騒ぎだした。

髙橋　『「杉田論文」企画に新潮社内から異議』『出版文芸批判的リツイート』（二〇一八年九月二十日付け朝刊）などですね。記事によると、『新潮45』に批判的な投稿をする作家などのツイートを一部社員たちがリツイートすることによって、新潮社内からも『新潮45』叩きが始まっていると嬉しそうに報じていた。

門田　小川榮太郎さんも、その著書『約束の日　安倍晋三試論』（幻冬舎）で、政治評論家の三宅久之氏の言葉として、朝日新聞主筆だった若宮啓文氏が、安倍叩きは朝日の社是と言ったことを暴露したことがある。さらには、「モリ・カケ」報道をめぐって書いた本（『徹底検証「森友・加計事件」――朝日新聞による戦後最大級の報道犯罪』飛鳥新社）で、朝日側から、「根拠もなく、虚報、捏造、報道犯罪などと決めつけている」として訴訟を提起されてもいた。要は、小川さんと朝日も、杉田さんの時と同様に天敵同士の関係なわけです。

ということで、再び、小川論文は痴漢する自由があると言っているとか、ヘイトだとか、そんなレッテル貼りでしかない雄叫《おたけ》びが各新聞・週刊誌を賑わすようになってしまった。

高橋 そこまでは、言論による論争だから、まだいいでしょうがね。

「佐藤社長、何をするんですか!」と止める役員はいなかった

門田 ところが、そういったマスコミからの非難に対して、新潮社の佐藤隆信社長が二〇一八年九月二十一日付けで、「あまりに常識を逸脱した偏見と認識不足に満ちた表現」があったと認め、謝罪する声明を出してしまった。

「社長がなぜ?」――さすがに、これを聞いて私は絶句してしまいました。出版社の社長が、いちいち編集の問題について、外部に対して自らの見解を表明することなど、「あ

りえない」ことであり、「厳に慎むべきこと」だからです。

髙橋　一九八二年二月、日本航空三五〇便墜落事故で、着陸態勢に入ったときに、機長が突然エンジンを逆噴射させたために、機体が前のめりになって墜落した事件がありましたよね。あの時、副機長が「K機長《キャプテン》やめてください！　何をするんですか！」と絶叫した声がボイスレコーダーに残っていました。新潮社の役員会で、「社長、なんてことを言うつもりですか」「何をするんですか、止めてください」という理性の声はなかったんでしょうか？

門田　それどころか、情けないことに一部の幹部が「これはもう抑えられません」と、社長の決断を促す方に動き、役員たちにもそれらを容認する声が強かったそうです。要するに、『新潮45』の編集部は、ハシゴを外されたわけです。これから新潮社社内には、「萎縮《いしゅく》」という名の絶対にあってはならない空気が蔓延《まんえん》していくでしょうね。これは、国家権力であれ、大企業であれ、宗教法人であれ、どんなところからの圧力であろうと、ものともしない、日本の一方のジャーナリズムの「雄」だった新潮ジャーナリズムの「崩壊」を意味します。

杉田さんは「生産性」、小川さんは「痴漢」。全体から一部だけを切り取って批判するやり口は、前述したように「ストローマン手法」と呼ばれます。新潮社は、その攻撃対象となったわけですが、正直、この程度のことで新潮社が揺らぐなんて、想像もしていませんでした。毎度お馴染みの彼らの「揚げ足取り」なんですから、無視しておけばいい。いいや、それどころか、騒いでくれてありがとうございます、おかげさまで完売になりました、とお礼を言ってもいいぐらいです。ところが、新潮社の佐藤隆信社長がこれに謝罪をしてしまい、逆に相手を勢いづかせてしまった。その声明は、正確に引用するとこうなります。

「弊社は出版に携わるものとして、言論の自由、表現の自由、意見の多様性、編集権の独立の重要性などを十分に認識し、尊重してまいりました。しかし、今回の『新潮45』の特別企画『そんなにおかしいか「杉田水脈」論文』のある部分に関しては、それらを鑑みても、あまりに常識を逸脱した偏見と認識不足に満ちた表現が見受けられました」

髙橋　社長自ら、左翼系の市民団体の「検閲」というか、「揚げ足取り」にお墨付きを与えたようなものです。これだと、批判する側がますます勢いづいてしまう。

門田　抗議する側も仰天したでしょうね。この程度の難癖《なんくせ》、因縁で、まさかあの新潮社が白旗を掲げるなど、彼らも夢にも思っていなかったからです。

会社のトップ、発行人である社長が「これは偏見（差別）です」と認めてしまったら、読者の「自由な読み方」「自由な思想空間」が奪われてしまいます。それを最も守らなければならない出版社、編集側が、絶対にやってはならないことをやってしまったわけです。言論の自由、表現の自由を尊重しない出版社の烙印《らくいん》が新潮社には捺《お》されてしまいました。言葉を失いました。

髙橋　「読みたくない人は読まなくて結構です」で済む話なのにね。

かつては「気骨ある役員」がいた

門田　マスコミは批判されてナンボです。批判されるということは、読まれているということですから。私が『週刊新潮』のデスクだった頃は、発売後に抗議電話がなにもないと「今週号は面白くなかったのかな」と不安に思ったほどでした（笑）。

自分たちが世に出した記事が賛否両論を巻き起こし、ときに政治を動かすこともあれば、大臣の首が飛ぶこともある。それを全部ひっくるめて意義を感じていたのが新潮社、すなわち新潮ジャーナリズムでした。

二十一年前の一九九七年の神戸・酒鬼薔薇《さかきばら》事件が象徴的です。写真週刊誌『フォーカス』が「少年A」の顔写真を掲載すると、朝日をはじめとするマスコミ、世間から大バッシングを浴びました。そのため、書店からは、『フォーカス』はもちろん、写真に目線を入れ、仮名で報じた『週刊新潮』まで撤去されました。今回の『新潮45』の騒動など、比べものにならないほどの大事件でした。児童文学作家の灰谷《はいたに》健次郎氏をはじめ、作家が作品を新潮社から引き上げる事態に発展したんです。

当時、私は『週刊新潮』編集部のデスクでした。今回同様、出版部の編集者を中心に批判が巻き起こりましたが、佐藤社長以下、経営陣はびくともしなかった。「超然」としていた感じでしたね。というのも、数々の修羅場を経験してきた編集出身の人たちが役員会を牛耳っていたからです。言論や表現の自由は、それ自体が民主主義国家の「根本」であり、たとえ反対する人間や政治勢力が大きかろうと、それをどこまでも守らなければならない「毅然とした姿勢」が会社の隅々まで貫かれていたのです。

具体的には、その頃の新潮社には、『週刊新潮』元編集長・山田彦彌《ひこや》氏、『フォーカス』元編集長・後藤章夫氏という両常務がおり、外部の作家にそそのかされて安っぽい正義感を振りかざす若い編集者たちを二人が〝一喝〟して、いささかの揺らぎも外部に見せなかったわけです。あの時も、今と同じく、社長は佐藤隆信氏です。要するに、毅然とした役員がいれば、まったく会社は動じることはないわけですよ。

例えば、相手が創価学会であろうと、朝鮮総連であろうと、中核派であろうと、山田編集長、あるいは、その次の松田宏編集長からも、「恐れる必要はまったくない。弱気になるな。どんどん行け！」と、うしろからビシビシ叩かれるぐらいハッパをかけられました。そのぐらい編集部には信念があったし、圧力に強かったんですよ。それが本来の新潮ジャーナリズムです。

今はもう、そうした骨のある「上司」や「役員」がいなくなって、社内で『新潮45』の編集長の「責任」を追及し、外部に向かっての「謝罪」を要求する編集者たちの突き上げを食らって、役員自体が右往左往し、ついには、「休刊」という恥ずべき手段をとったわけです。私は、ただただ呆れるだけですよ。

髙橋 門田さん、あんたが一番いけないんだ！（と一喝！）

門田　えっ？

髙橋　いや、門田さんが新潮社を辞めずに、社に残っていたら今頃少なくとも常務でしょう。そしたら、そんな不満分子など、門田さんが、かつての山田さんや後藤さんのように、一喝、恫喝して、佐藤社長にあんなバカな声明を出させずに済んだに違いないから（笑）。

門田　髙橋さん、私のように組織にたてつく人間が、そんな出世をするわけがないでしょう。逆にいえば、社長のまわりは、愛《う》い人間が取り巻いているから、こんなことが起こるわけです。どこの組織もそうしたものです。

今回、新潮社の幹部の中には、自分で判断することもできず、外部の執筆者に相談して、「謝罪の上、『新潮45』を廃刊にするのが適当でしょう」とアドバイスされ、そのことをご丁寧にツイッターで「暴露」されていた人までいました。

私が腹立たしいのは、新潮社の社員がツイッターで、あるいは、外部のマスコミで、自らを「自分は差別主義者ではない」という安全地帯に身を置き、「言論・表現の自由」の重さも自覚しないまま、綺麗事《きれいごと》の発信や発言をつづけている人間がいたことです。

しかも、そんな外部への情報発信を片方でやりながら、『新潮45』編集部へ「これは、おかしいんじゃないか」と言ってくる編集者はひとりもいなかったそうです。外部に向かって、仲間を非難するアクションは起こすが、直接は、誰も言うこともできない、そんな連中なわけです。言論・表現の自由の根本がわかっていない連中が、うわべだけの正義を掲げて文句を言っても、たちまち編集部に逆襲されてギャフンとなったでしょうが、少なくとも、同じ会社の仲間なんですから、それくらいの議論はまずやるべきでしょう。しかし、そんなレベルの編集者が新潮社では主流になってしまったということです。

髙橋　朝日新聞社なら、そういうのはゴロゴロいるでしょうが、新潮社にそんなにいたとはねぇ。かつての毅然とした新潮社を知っている人間からすれば、本当に情けない話ですね。

単純正義に踊らされる〝ドリーマー〟編集者たち

門田　ショックでしたね。さきほども触れましたが、社内には『新潮45』の編集長を厳罰に処すべし、外部に対して社として「謝罪表明」をすべしと、社内で署名活動までした女性編集者がいました。しかも、それに署名した社員が六十名以上いたんです。さすがに、「厳罰に処すべし」はまずいだろうということになって、途中から「責任追及」へと言葉は変わりますが、本来、『新潮45』に何の関係もない社員がいちいち口を出す道理はないはずです。しかし、そんなことが罷《まか》り通ってしまう会社になったわけです。

この人たちは、ただ単純正義に踊らされるタイプなんでしょう。しかし、新潮社というのは、そういう世の中の単純正義、いわゆる「偽善」ですが、そういうものの裏に「なにがあるのか」を考え、書いてきた会社です。それが、逆に、そんな単純正義に染まってしまった人たちが主流になっているわけですから、「いったい、これはどこの会社の話なんだ?」ということです。まあ、どのメディアにもよくいる〝ドリーマー〟なんでしょうが、新潮社がそこまで堕《お》ちたことを知らされたわけで、本当にショックでしたね。

私は、よく言わせてもらうんですが、今は、左右対立の時代など、とっくに終わっています。ベルリンの壁が崩壊して、もう三十年が経とうというんですから当たり前です。日本でも五五年体制が終わって四半世紀が経つんですよ。今は、左右の対立ではなく、「DR戦争」の時代だと言っているんです。

Dは、ドリーマー、Rはリアリストです。ドリーマーは夢見る人、観念論の人で、「平和、平和」を唱えていれば、いつまでも平和がつづくと思っているような人たちです。

ネットで〝お花畑〟などと揶揄《やゆ》される人は、そうですよね。しかし、リアリストはそうはいきません。自分が、あるいは、日本が置かれている立場をよく考えて、現実的な対処をしようとする人たち、つまり、現実主義者です。

そして、今は圧倒的にリアリストが増えてきている。インターネットのおかげです。だから、若者は現実的な政権を支持し、国政選挙で実に安倍政権が「五連勝」もしている。若者は、これから就職したり、結婚したり、子育てをしなければなりませんから、観念論で生きていくことはできません。民主党政権から安倍政権に代わって株価が二・四倍になり、企業業績が大幅に改善し、求人倍率が一・四三倍と史上最高になり、訪日外国人観光客も三倍以上の二千六百万人になりました。成長戦略のひとつの「規制緩和」で第四次産業革命が着実に進んでいることを若者は実感していますから、いくらオールド・メディアが観念論で批判しても、見向きもしないんです。

そんな時代に、ドリーマー向けの雑誌を作ったら、絶対にダメなんですよ。買う人はほとんどがリアリストだから、リアリストに向けて雑誌も新聞もテレビもつくっていかなければいけません。それなのに、いまだにドリーマー向けにつくろうとしている人たちが多いわけです。いや、むしろ世の中に逆行して、新潮、文春まで、ドリーマー向けに編集するようになっちゃったですよね。『週刊新潮』には、かつて「夏彦の写真コラム」やら、「ヤン・デンマン」やら、山口瞳の「男性自身」やらがあり、ずっと意識の高いリアリスト向けに雑誌をつくってきた。うわべだけの正義に痛烈な皮肉を飛ばすコラムもあったし、もちろん、新潮社には、そういう書籍もあったわけです。しかし、そんな昔日の面影は、もう新潮社にはなくなってしまいました。今も、『週刊新潮』には、髙山正之さんや櫻井よしこさんがコラムを書いて気を吐いていますが、書籍の方は心許《もと》なくなっていますね。

新潮社の後輩には、フランスの思想家であり、哲学者だったヴォルテールの以下の言葉の意味を知って欲しいと思いますね。「僕は君の意見には反対だ。しかし、君がそう主張する権利は、僕が命をかけて守る」――と。

言論・表現の自由がいかに大切かということの本質を、十八世紀に生きたこのヴォルテールは語っています。要は、たとえ自分の意見とは違っていても、その人の言論や思想は守らなければならないということであり、それは同時に、前述のように「百人いれば、百人の読み方がある」ということを認め、そこで生まれる読者の自由な思考空間、あるいは思想空間を守る、ということでもあるんです。

言論と表現の自由が守られている日本では、ＬＧＢＴのことも、さまざまな視点から自由闊達《かったつ》に議論していけばいいのに、今回の『新潮45』廃刊騒動は、逆に、ＬＧＢＴをタブー視するような風潮をつくってしまいました。世の中に対して、「超然」としていた新潮社がその矜持《きょうじ》を捨てた今、日本のジャーナリズムが、大いなる危機に立っていることを感じますよ。

ほかにも、『新潮45』にもよく執筆していたノンフィクション作家の保阪正康さんが、『新潮45』問題で、朝日新聞（九月二十七日）で、こんなコメントをしていたのには違和感を持ちました。

「現政権の枠組みの中で起きたことだ」「一部のメディアは、政権とその支持層だけを向いている。そうした論じ方が、新潮社のような伝統的メディアに浸食してくるとは思わなかった」「編集長に歴史観がなく、ときの権力や売り上げに流された結果だ。日本は成り行き社会で、戦前のファシズムに至った。今回の件は日本社会の劣化を示しているが、（休刊で）社として土俵際で踏ん張ったともいえる。単色化しやすい社会だけに、実像を直視しなければならない」

この論法そのものが、破綻していますよね。杉田氏や小川氏が安倍首相と親しいから、起きたことだという意味に聞こえます。これでは、なんでも安倍政治が悪いという「アベノセイダーズ」と呼ばれる人たちと同じレベルになってしまいますね。

髙橋　新潮社は、雑誌の部数も低下し、広告収入も減り、社員のボーナスも減額され、経営的にも余裕がなくなり、抗議や批判を軽くいなして楽しむ精神的余裕もなくなってしまったのかもしれない。「貧すれば鈍する」ですよ。しかし、出版社はあくまで書き手に意見表明の場を提供しているだけでしょう？　極論かもしれませんが、「抗議ならこちら（筆者）へ」と執筆者の電話番号とメールアドレスを渡すくらいの気持ちでいいと思います（笑）。

門田　いや、さすがにそれはマズいでしょう（笑）。出版社は、やはり、筆者に責任を転嫁するのではなく、共に責任を共有すべきものです。

髙橋　私の知人に、ローレンス・サマーズという経済学者がいます。ハーバード大学教授から世界銀行副総裁を経て、クリントン政権の財務副長官、財務長官を歴任し、ハーバード大学の学長になった男です。

彼は、学長時代に、ある会議で、「数学や科学の分野で女性研究家が少ないのは、男性と女性の間に固有に存在する遺伝子の違いによるものではないか」と発言したことがあった。当然、日本よりPC（ポリティカル・コレクトネス）にうるさいアメリカだから、「女性差別」「セクハラだ」と批判された。フェミニストの団体からは辞任を要求され、卒業生の一部からは大学への寄付を止めると脅されたりもした。そのため、結局、学長辞任に追い込まれましたが、サマーズはメディアに対しては、果敢にも、統計学や生物学のデータを示して反論していましたよ。杉田さんや小川さんも、ワーワー騒いでいる連中をデータで黙らせればよかった（笑）。

門田　いや、ますます、火に油を注ぐことになります（笑）。

髙橋　毎日新聞（九月二十一日付け）なんかには「新潮45『右寄りに活路』」「出版不況で『ヘイト路線』『炎上商法』？」――などと書かれて揶揄されていましたが、そこまで言われたらなら、開き直って、いっそのこと「炎上上等」を貫いて雑誌を売りまくるべきでした。「十月号・完売御礼」「切捨御免」「炎上上等」「右傾化して何が悪い」「（右寄りの）言論の自由を守れ」と広告などで銘打って大増刷すればよかった（笑）。アマゾンでは十月号の『新潮45』は一時、云万円になっていましたよ。

門田　『Ｗ・ｉＬＬ』や、昔の新潮社ならできたでしょうね。私もさっき言ったように『週刊新潮』デスク時代、編集長に「もっとやれ、もっとやらんか」と焚《た》きつけられていましたから（笑）。

『マルコポーロ』廃刊同様、棚からぼた餅の「廃刊」

髙橋　私が編集長なら、抗議してきた人たちの意見を次号に掲載する。「右」で炎上したら次は「左」の号を作って、それが炎上したらまた「右」の号を作る。両方からの抗議で延々とコウモリ型の炎上商法が続けられます。楽でいいね（笑）。
門田　『新潮45』編集部も発売当初は、炎上商法が成功して、内心、「しめしめ」と思っていたと思います。ところが、朝日や作家などから批判され慌てて、社長が突如、ハシゴを外してしまった。
髙橋　せっかくの「ビジネスチャンス」を無駄にしてもったいない。経営者失格だな（笑）。
門田　抗議する側も驚いたでしょう。国会前で「戦争法案反対」「共謀罪許すな」「安倍辞めろ」とデモを続けても一向に効果がなかったのに、今回はアッサリ休刊に追い込むことができた。とんだ肩透かしというか、「棚から、ぼた餅」です。

髙橋　報道によると、部数は一万ちょっと……。あまり売れない雑誌だったから、これを機に休刊を決めただけじゃないんですか。

門田　文藝春秋の『マルコポーロ』廃刊事件でも、そんなことが言われました。「戦後世界史最大のタブー。ナチ『ガス室』はなかった」という記事（一九九五年二月号）に対して、アメリカのユダヤ人団体サイモン・ウィーゼンタール・センターが抗議。ちょうど、部数が低迷していたので、これ幸いとばかりに、その号限りで廃刊にした、と……。

しかし、あの記事にしても、ナチスがユダヤ人を迫害したことを否定する内容ではなかった。アウシュビッツの収容所でユダヤ人が大量死した真の理由は、ガス室による処刑ではなく、発疹チフスなどによる病死であった、また、虐殺という点では、人間を生きながら炎の中に放り込むようなことまでおこなわれていたということが書かれていました。決して、ホロコーストの否定記事ではありませんでした。

でも、タイトルが一人歩きした感もあり、田中健五社長辞任、花田紀凱編集長解任という事態になった。今にして思えば、「文春ジャーナリズム」もあのあたりから、ちょっと変になってしまった感がありますね。『諸君！』もリーマンショックによる経済上の理由だとしつつも、あっさりと廃刊にしてしまった。あの頃の『諸君！』は『新潮45』の何倍も売れていましたからね。

そして、今や『文藝春秋』も『週刊文春』も、朝日同様に「モリ・カケ」虚報に躍って、似たような報道を繰り返すばかりです。新潮が文春と同じ道を歩まなければいいのに、と思いますよね。

とにかく、ああいう形で抗議をされての休刊は絶対にやってはいけないんです。既に近い将来の休刊が決まっていたとしても、こんな騒動が起こったからには意地でも刊行を続けないと出版社の矜持《きょうじ》にかかわる。圧力に屈するということは、ジャーナリズムとして許されざることなんです。

髙橋　いや、「前々から休刊にしようと思っていました。背中を押してくれた市民団体の皆様には感謝します」と正直にというか、ユーモラスに言えば、その潔さに拍手を送りたいですが（笑）。

いくら崇高な理想を掲げても、本や雑誌は売れなければ編集者失格です。売るためには法・ルールを超えない限り何でもやる。それを「右傾化」だの「ヘイト路線」だの「炎上商法」と批判するのは、単なるレッテル貼りでしかない。編集者は、時には自分の考えと違う考えも取り入れることはありうる。極端にいえば「マッチポンプ」だってありですよ。

自分の個々の考え・価値観を追求して世間に問いたいのであれば、門田さんみたいに会社を辞めて作家になればいい。編集者は、いわばグランドの管理者。新潮社内で、杉田さんや小川さんというプレーヤーを批判するなら、書き手にでもなって、同じ土俵に立たないとダメですよ。

ともあれ、次章では、『新潮45』バッシング以外に見られる、日本のマスコミ、ジャーナリズム、市民団体の劣化状況を詳しく議論していくことにしましょう。

第二章

煽るだけの朝日新聞は、もはや「犬のおしっこマット」

"倒閣運動家"と化している新聞・テレビ記者

門田　前章でも述べましたが、『新潮45』騒動で痛感したのが、日本には、まともなメディアが残っていないということです。「メディア総崩れ」と言っていい。

髙橋　マスコミ主流の新聞やテレビは、とっくの昔に見限られてます。

門田　そんなオールド・メディア自身、見放された原因を知っているはずです。にもかかわらず、一向に変わる気配はない。

髙橋　朝日やＮＨＫに期待しても無駄でしょう。新聞もテレビも、いまや「情報弱者」（ネットなどの情報に触れる機会が少なく、情報の入手において不利な環境にいる人。主な情報入手がテレビや新聞に限られている人々）にしか相手にされない「ミニコミ」に成り下がっていますから。

門田　安倍晋三・第四次内閣が組閣された時の大臣記者会見での柴山昌彦《しばやままさひこ》文科相の「教育勅語発言」をめぐる報道もひどかったですね。なんとか失言を引き出して大臣のクビを奪《と》ろうとする、毎度おなじみの酷い記者会見でした。

普段、スクープをやったことがないレベルの低い記者たちにとっては、ここぐらいしか腕の見せどころはないのです。彼らは、大臣の就任会見で、なんとか手柄を上げたい。だから、必死なんです。

ＮＨＫの記者は、柴山氏にこう質問しました。

「教育勅語について、過去の文科大臣は、中身は至極まっとうなことが書かれているといった発言をされているわけですけれども、大臣も同様のお考えなのでしょうか」

これは、〝地雷〟が埋め込まれている危険な質問ですね。どこに目的があるか、明々白々です。柴山氏は、

「教育勅語については、それが現代風に解釈をされたり、あるいはアレンジをした形でですね、今の例えば道徳等に使うことができる分野というのは、私は十分にあるという意味では普遍性を持っている部分が見て取れるのではないかと思います」

と答えました。どのあたりが今も使えるとお考えか、と記者がさらに質問すると、

「やはり同胞を大切にするですとか、あるいは国際的な協調を重んじるですとか、そういった基本的な記載内容について、これを現代的にアレンジして教えていこうということも検討する動きがあるようにも聞いております。そういったことは検討に値するかな

というように考えております」

極めて常識的な発言です。教育勅語にあった「徳目《とくもく》」の中には、今も使えるものもあるということであり、明治憲法下の教育勅語を復活させるなどというような発言では、まったくありません。ところが、朝日新聞や毎日新聞はこの発言をどう報じたでしょうか。

「教育勅語発言　柴山文科相の見識疑う」（十月五日付朝日社説）、「柴山氏の教育勅語発言　早くも時代錯誤の登場だ」（同毎日社説）と、安倍叩きの材料としてさっそく活用し、全面攻撃に入りました。これらの記事を読めば、教育勅語復活を策す「トンでもない大臣が現われた」と読者は思うでしょう。でも、これは第一章でも指摘したように、相手の発言意図を捻《ね》じ曲げたり、一部を切り取ったりする「ストローマン手法」と呼ばれる、いつもの新聞のやり方なんです。

高橋　新聞は「紙面の制約」を理由に、テレビは「尺が足りない」を理由に、前後の文脈に関係なく発言部分を切り取って報道します。でも、今はネットで、誰でも記者会見を全部見られるから、そんな姑息な「印象操作」してもすぐにバレるでしょう。

門田　その通りです。実は、岩屋毅防衛相に対しても、「日中戦争から太平洋戦争に至る戦争は侵略戦争だとお考えでしょうか」『大臣の言葉で聞かせてください。侵略戦争と考えますか、考えませんか」『これだけの大きな軍事組織を監督される立場になられたわけですから、侵略戦争について語られないというのはおかしいですよ」……と執拗に質問が浴びせられました。彼らも、なんとか〝失言〟を引き出そうと必死です。

髙橋　どう答えても、叩かれる未来しか待っていない（笑）。こういう時は「沈黙は金」かもしれない。

門田　岩屋大臣は、戦争に対する認識は、安倍晋三首相の「戦後七十年談話」と同じであると繰り返し、最後まで挑発に乗りませんでした。もし、仮に、岩屋大臣が、その質問に対して、「自衛戦争の側面があった」云々などといった何らかの発言があれば、「岩屋防衛相、大東亜戦争を肯定！」などと騒ぎ、中国・韓国に打ち返して大事件に持っていくお得意の「ご注進ジャーナリズム」も見られたでしょうね。

髙橋　過去にも、羽田孜内閣の時、永野茂門氏が、法務大臣就任時の毎日新聞記者のインタビューで、太平洋戦争について「侵略戦争という定義付けは間違っていると思う。戦争目的そのものは当時としては基本的に許される正当なものだった」と述べ、また、南京大虐殺について「あれはでっち上げだったと思う」との見解を表明したことがあった。それが問題視されたために、わずか就任直後十日目ぐらいで辞任を余儀なくされたことがありましたよね。その再現を狙っていたんでしょうね。

門田　新聞記者たちは、なぜそれほど大臣の首を取りたいのか。どうして日本をそれほど貶《おとし》めたいのか。そこをどうしても考えてしまいますよね。

彼らは、自民党政権を倒して、あわよくば、その手柄が自分に欲しいんです。細川連立政権の時も、民主党政権の時も、彼らは、そんな質問はしていません。なんとか頑張って欲しい、という応援の記者会見をしています。完全なダブルスタンダードです。つまり、自民党の政権になれば、たちまち彼らは〝倒閣運動家〟と化すわけです。

私は、浅薄な正義感のもとに、そんな倒閣運動家になっている新聞記者たちが不思議でなりません。どうして、そこまで自分の主義・主張にこだわるんですか、と。そして、ストレートニュースは、ストレートニュースとして、報じればいいのに、なぜ、それをしないんですか、と。彼ら新聞記者たちには、「もう、とっくに、あなたたちの論法が通用する時代は終わっていますよ」と是非、教えてあげたいですね。もう、あなたたちのやり方は、このインターネット時代にすべてがバレてますから、こんな姑息なやり方では、「勲章」にはなりませんよ、ということです。

新聞に「洗脳」されない若者が増えたのはなぜか

門田　平成が終わりを迎えようとしているのに、メディア業界だけ時計の針が「昭和」で止まっている。オールド・メディアの凋落に歯止めがかからないなか、国民は何を信用すればいいのか悩んでいると思うんです。そのあたりをさらに論じていきましょう。

高橋　「信用」の対象が、メディアから個人にシフトしているような気がしますね。例えば、私がSNS（Social Networking Service）で発信したり、本で書いたりする政治経済分野の「予想」は的中することが多い。すると日経新聞なんか読むより、「経済なら高橋のツイート、ブログなどをフォローしておけばいい」と考えるようになる。さらに、より関心のある人ならば、私は有料の会員制サイトを朝日新聞より高い月額料金で運営していますが、それを購読する。そういった需要があるから今も発信を続けています。

門田　それは、重要な指摘だと思います。かつては「朝日新聞の言うことだから……」「新潮社が書いているから……」という理由で無条件に信頼されていましたが、今は、「特定のメディア」ではなく信用に足る「特定の個人」を見つける時代になっている、ということですよね。これは、インターネット時代の最大の特徴だと言えます。「メディア」と「個人」に限らず、今はインターネットを利用して「生産者」が直接、「消費者」に商品をアピールし、直接、その消費者に商品を届ける時代がやってきました。たとえば農業でも、有機農業によって、無農薬で、美味しく、安全な、農作物を生産している人がそのことをネットで発信すれば、おう、俺も欲しい、私も欲しい、ということになって、注文が殺到するわけです。

つまり、その農家が所属しているJAという組織ではなく、その生産者個人ということです。同じように、マスコミ、ジャーナリズムの世界も、会社ではなくて、個人になってきているんだと思います。

髙橋　新聞も、画一的な紙面ではなく、そういう「個性」を発信させようとして、個々の記者による「署名記事」を増やしました。でも、記者も所詮はサラリーマンだから、みんな書く内容が同じでつまらない。「社是」「社論」に反しない範囲での「個人」では限界があり面白くない。

他方で、ネットには多種多様な意見が散らばっています。その中から信頼に足る発信者を見つけて情報を仕入れれば、新聞を読む必要はなくなりますよ。

門田　そういう時代では、今までのやり方から抜け出せない新聞記者は、可哀想なものですね。たとえば、組織の中で安住している記者は、〝なりちゅう記事〟を書くだけで満足しています。〝なりちゅう記事〟とは、要するに「なりゆきが注目される」と、結ぶような安易な記事のことです。読者が知りたい情報も、見通しも、なにも示せない記者は、記事を「なりゆきが注目される」と結んでお茶を濁すわけです。

能力のない記者は、それでいいんです。だから、大臣の就任会見などが来たら、俄然、張り切って、必死で揚げ足取りに狂奔し、失言待ちの質問を延々とつづけるんです。そして、中国や韓国に対して、お得意の〝ご注進ジャーナリズム〟に走るわけです。

しかし、組織にいても、個人で頑張ろうと思っている記者は、そんな〝なりちゅう記事〟が通用しないことはわかっていますから、いろいろな視点で記事を書こうとします。彼らの中には、インターネットで、自分の実力を試そうとする者もいます。インターネットの世界では、組織など通用しませんから、まさに、真剣勝負です。

ネット情報が「玉石混交」であることは常識です。つまり、「石」の方が圧倒的に多い。その中で、頭角をあらわすには、本当に価値ある情報と興味深い論評を展開しなければなりません。俺は朝日新聞の記者だから、とか、NHKの記者だから、と心の中で思い、プライドを抱《いだ》いていても、中身が伴わなければ、誰にも話題にも、相手にも、してもらえません。要するに、そのへんの〝道端の石ころ〟に過ぎないのです。

インターネットの世界では、だんだん情報を取捨選択する目が養われてきています。オールド・メディアは、盛んに「ネットは信用できない。フェイクニュースだらけだ」「安倍政権支持者はネトウヨだ」などと言っていますが、まったく見当違いです。ネットでは、騙《だま》しが通用しにくくなり、つまり、現実が最も重視されているから、真実がネットの中にこそ、存在するようになってきています。

ネットの中のいい加減な多くの情報から、真実を探し出す力、つまり、ネットリテラシーの能力が高い人がどんどん増えてきていますね。彼らは、組織を信じていません。髙橋さんが仰るとおり、組織より、特定のジャーナリストや評論家、あるいは、その道の専門家という〝個人〟から、それを引っ張り出してくるのです。

しかし、既存メディアは、相変わらずファクトではなく、主義・主張、すなわちイデオロギーに基づいて報道をしています。そのことは、ネットでは誰でも知っている常識です。慰安婦報道や原発報道でも、いかに「フェイクニュース」が横行したかも知っていますから、既存メディアがいくら国民を騙そうとしても、とても、それができないようになってきました。

髙橋　朝日などが喧伝する「若者の右傾化云々」もフェイクで、単にリアリストが増えただけの話です。アベノミクスで景気が良くなり就職率も最高になったんだから、彼らが安倍政権を支持するのは当然でしょう。

門田　安倍首相が五回連続で国政選挙の勝利を続けている理由に若者の支持があることは間違いありません。二〇一七年十月の総選挙では、二十九歳以下の四七％が比例で自民党に投票したことがマスコミの出口調査で判明しています。我々が学生時代のころには、社会党や共産党など革新野党支持が若者の主流だった。当時では、ありえなかった現象ですね。

髙橋　朝日新聞が、国民各層が「参考にするメディア」と「内閣支持率」の関係について記事にしていましたが、それによると、「ＳＮＳ」「ネットのニュースサイト」を選んだ人の安倍内閣支持率が高く、「テレビ」と答えた人は全体の平均支持率と同程度。しかし、「新聞」と答えた層は支持率が低かった。要するに、各層の人々が日頃接するメディアによって、物の見方考え方が綺麗に分断されている。

門田　先日（二〇一八年九月）の沖縄知事選でも、二十九歳以下の若者は過半数が、自民・

公明系の候補者・佐喜眞淳《さきまあつし》さんに投票していました。三十代は拮抗《きっこう》していて、年齢が上がるにつれて玉城《たまき》デニーさんが圧倒していた。どのメディアを見ているかだけでなく、年齢層によっても、政治スタンスがはっきり分かれているわけです。高齢者ほど、オールド・メディア（沖縄地元新聞）に情報を依存していて、その新聞・テレビが偏った情報を垂れ流すので、それを漫然と見聞している層は自然に「洗脳」されてしまっているのです。

朝日新聞とアライグマはしぶとく繁殖する

門田　オリンピックやワールドカップでも、若者は日の丸や君が代に敬意を払っている。ところが年齢層が上がるにつれて、日本という国へのアレルギーが強まる傾向がみられます。特に、マスコミ業界はドリーマー、つまり、昔で言う「左」が多いですね。ドリーマーは「右」にも多いですが、「左」ほどではないですね。

髙橋　公務員の世界もそうですね。理由は簡単で、ビジネスの世界で使い物にならなくても試験に通れば入れるのがお役所。文科省の元次官の前川喜平なんか、その典型でしょう。「面従腹背《めんじゅうふくはい》」なんて、民間じゃ通用しない。左翼的な反体制派の学生運動をやっていたような大学生を受け入れてくれるのは、メディアや役所、あとは大学くらいです。一般企業で政治活動したりしても、「思想をひけらかす暇があったら早く仕事しろ」と言われて終わり（笑）。その点、そういったところ（メディア・大学・役所）は「取材」「研究」「調査」と称して、わりと時間が自由に使える。昔いたじゃないですか、公務員が有休何日もとって成田闘争に出かけて逮捕されたり……と（笑）。

門田　不思議なのは、視野が広いはずの若手記者でさえ、朝日に入ると、「朝日新聞」的な思想に染まっていくことです。

髙橋　「左」の人たちは「少数民族」「稀少動物」。だからこそ、生存戦略に長《た》けている。お互いに助け合って「再生産」して種を絶やさないようにしているんでしょう（笑）。

門田　社内で若手に対して朝日魂（反権力・反安倍は朝日の社是、そのためには先入観を持ち、裏取り取材はしない？）を注入していけば、組織が「純化」されていきます。最終的に、世間離れした異様な組織と人ができあがるわけです。

髙橋　彼らは生き延びるための術《すべ》を熟知しているから、大学でも、いつのまにか人事部門が乗っ取られてしまうんですよ（笑）。ほんの一握りだったはずなのに、お仲間をどんどん学内に入れて繁殖し、いつのまにか多数派になったりもする。日本にはいなかったアライグマがペットとして入ってきたら、あっという間に野生化し繁殖して、最近は都心・赤坂まで出てきた。そんな感じですよ（笑）。

門田　そんな「ドリーマーの世界」であり、「アベノセイダーズ」の声がこだまするところで、大学教授を日々やっておられる髙橋さんには頭が下がります。

髙橋　私は他人のことは気にしないんです。自分のことで精いっぱいで、人の生き方なんていちいち考えても仕方ない。

「認可」と「認可の申請」の区別も付かない日本のマスコミ

門田　ところで、二〇一八年十月から、臨時国会が始まりましたが、この期に及んでも「モリ・カケ」問題を取り上げる野党がいました。それをまた麗々しくオールド・メディアが報じる。朝日、毎日は、内外のさまざまな問題に関して本質的な議論をすべきなのに、多くをすっ飛ばして、二年近く「モリ・カケ」問題を報道し続けてきた。髙橋さんはどう見ておられましたか。

高橋　森友問題は、安倍夫人との若干の人間関係を針小棒大に財務省などに言いふらしてビジネスに悪用した首謀者（籠池泰典）の底意というか屁理屈は破綻していてもう省みる必要もないでしょう。

加計学園の問題に関しては、最初の段階から、マスコミは「国家戦略特区が認可した」という間違った情報を流したでしょう。特区は何もしていないのに、その本質がまったくわかっていなかった。

マスコミの人たちって、オリジナルの資料を見ないんですよ。「伝聞推量」しかしない。官報などに告示が出ていて、そこに経緯はみんな書いてある。ネット上で誰でも見られるのに、どうして告示を読んでから記事を書かないのか不思議でしょうがなかった。

告示を読めば、特区が認可しているのではなくて、特区は認可の申請をできるようにしただけだということが小学生にだってわかります。「認可の申請」と「認可」はまったく別物。特区がやったのは「認可の申請」だけで、「認可」のほうは文科省がやっている。

門田　マスコミは、事の本質がまったく理解できていなかったですね。

高橋　そうです。本来は、文科省が新学部設置の認可の申請を受け付けてこなかったこと自体が本質的な問題なんです。

もし、特区が認可の申請をできるようにしなくても、認可申請を受け付けてもらえなかった大学が行政不服審査をすれば、一〇〇％大学側が勝てましたよ。政府としては、行政不服審査をされると困るから、特区で認可申請ができるようにしたというだけです。

実際に、その後の経緯を見ればわかるように、加計学園の場合は、申請を受けた文科省が検討して認可をした。

どうしてこんな単純な話がマスコミの人にはわからないの？　よく調べもせずに特区が認可したように報道しちゃったから、今さら「自分たちが間違っていました」と言えないだけだったと思いますよ。

その証拠として、ＮＨＫが間違った報道をした記事を私が添削してネットにアップしました。ＮＨＫの記事は「国家戦略特区の諮問会議で獣医学部の新設が五二年ぶりに認められ」という文章だったから、添削をして「国家戦略特区の諮問会議で獣医学部の新設『の申請』が五二年ぶりに認められ」としてネットに載せた。みんな大笑いでしたよ。

文科省告示を読めばすぐにわかることなのに、読まないんだよね。告示を読まなくてよく記事を書けるよね。

私が記事を書くときでも、原典の資料を読まないと書けないから、全部資料を読みますよ。森友学園の件で言えば、豊中市の議会の議事録を読まないと書けない。それを読めば、なぜ安くしたかがわかる。要は、ゴミが埋まっていることを言わずに黙って売ったから。それと、本来競争入札でやるべきところを随意契約でやってしまった。競争入札にしておけば、値引きという概念は生まれないんです。

隣の土地が二千万円なら、籠池さんが二千万円の値を付けて入札すれば、それで落札で、終わっていた。ゴミが埋まっている土地だから、もっと安く入札しても落札できたかもしれない。即金で払って、そしてもう終わりというレベルの話ですよ。

門田　だけど、マスコミは二年近く延々とやり続けている。

髙橋　こんな単純な話までもやっているんだから、バカですよ。

門田　バカじゃなくて意図的でしょう。煽って煽って大火事にしようとしたわけですから。

髙橋　近畿財務局が「競争入札にしなかった自分たちのミスでした」と一言言えば終わっていた話です。こんな単純なものは、煽っても大火事になることはない。これを煽って大火事にできると思っている人がいるとしたら、やっぱりバカとしか言いようがない。

森友にしても加計にしても、公文書を読めばすぐにわかる話。そういう文章は読まないで、マスコミの人たちは、安倍首相やその夫人が関与して口利きをしたに違いないという先入観を持った取材だけでストーリーを作ろうとする。

門田　日本のマスコミは、自分たちでストーリーを作って、そこに向かって突き進むんですよ。

高橋　公式の文章を読まずに、人から聞いた曖昧な話だけで書くんだから、よくいって、「耳学問」みたいなものだね。さらに、主語を意識して書かないから、正確な文章も書けないのが、日本のマスコミです。

「戦争法案」「過労死法案」と、ウソで煽るからオオカミ少年になる

門田　働き方改革関連法でも、朝日、毎日などは偏った扇情記事を書いていました。

高橋　高プロ（高度プロフェッショナル制度）の話ですね。

門田　彼らは、野党と結託して、「過労死促進法案」と呼んでいました。この法案は、簡単に言えば、雇用契約の自由化で、規制緩和をやろうとした法案ですよね。それがなんで過労死促進法案になってしまうのか。

朝日と毎日をずっと読んでいる人は、情報が偏っているから、この法案ができると、

「過労死につながる」と思ってしまう。

読売と産経には、きちんと両方の意見が出ていました。過労死で亡くなったＮＨＫの女性記者のお母さんの批判の声や、過労死の家族の会の人の声もありましたが、自由化された場合にメリットを受ける人の話も、しっかり出ていました。両方の意見がきちんと報じられていたので、「なるほど」と思いましたね。

しかし、朝日と毎日は、一方的なことしか報じません。安倍内閣打倒だけが目標ですから、法案の中身や実質などは関係がないんです。ただ、批判できればいいので、ハナから法案のことなんか、関係ないわけです。

安保法制のときも、彼らは「戦争法案」と叫びつづけました。特定秘密保護法案の時も、第二の治安維持法だ、これで暗黒社会になる、と叫びましたが、日本には戦争も起こっていないし、暗黒社会も訪れていませんよね。彼らが懸命に叫んだ共謀罪法案とやらも、市民生活に影響があるはずだったのに、何も影響がないですよね。これ、いつまで、オオカミ少年をつづけるんでしょうか（笑）。もう誰も信じなくなるはずです。

髙橋　マスコミの人たちは、働き方改革法案のときも、法案の条文をきちんと読まないで記事を書いていた。法案を読めば、「同意条件」というものがちゃんと書いてある。でも、そのことについて、ほとんど報道されていない。

維新の人（議員）はその点を理解していた。彼らが国会で、その「同意条件」について、さらに細かく追及することによって、与党との修正協議が行なわれて、「高プロ」から離脱できる文言も明記されたんです。

本当は、維新が言わなくても、同意条件の条文があるから、法の運用で離脱することは可能なんです。だけど、同意条件がマスコミで全然報道されないから、国民は同意条件自体を知らない。維新が主張して修正協議になれば、同意条件が入っていることを報道せざるを得なくなる。そういう狙いがあって維新の人が取り上げて、いい法律になった。高プロといって、ひとたび対象になったら抜けられないかのように報道されていますが、その対象になるかどうかは自由、出入り自由の制度なので、どこも悪いところはない。イヤだったら、高プロから抜ければいいから。

ともあれ、正式に法律として、高プロの対象者の年収要件は平均年収の三倍（年収一千万円程度）があり、これは法改正なしでは変えられない。しかも、対象労働者の同意という要件もあり、仮に収入要件でその対象になって、労使委員会の五分の四の賛成で決まっても、本人が同意しなければいいことになっています。同意しない人への不利益扱いも禁止されている。これでも反対するのは理解できない。単なる「何でも反対屋」の反対論でしかない。

門田　同意が必要という従来の内容に加えて、修正協議で離脱規定も明記された。要するに、加入も自由、離脱も自由ということですよ。すべて本人次第で、自分が得になる方式を自由に選択できるようになったわけです。つまり、雇用形態の完全自由化です。これが、なんで過労死促進法なのか、私には理解できませんでした。

法案すら読まずに記事を書く低レベルの記者たち

高橋　高プロの反対者たちは、盛んに年収基準を持ち出していました。法律の中身をきちんと読まないから、年収基準を運用で変えられると曲解していた。法律の文章に何も書いてなければ運用で変えられますよ。だけど初めから、法案に「年間平均給与額の三倍の額を相当程度上回る水準」と明記されている。基準をはっきりと書いてあるんです。

平均給与が下がれば、高プロの基準も下がります。だけど、平均給与が上がれば、高プロの基準も上がる。常に平均の三倍以上だから、実質的意味は変わらないんですよ。

高プロの年収基準が下がることはあるけど、平均給与に連動して下がるというだけです。運用で勝手に下げていいわけじゃない。法律に則って、平均給与の増減に合わせて、告示の内容を変えていくわけです。

もし三倍以上という基準を変えようとするなら、法律改正をしなければいけない。法律改正で二倍に下げる、というんだったら、かなり基準は下がります。そんなことは、ずっと先にあるかないかという話で、こんな仮定の話を今してもしょうがないでしょう。

マスコミの記者たちは、法案の条文を読んでいないから「運用で勝手に下げられる」という詐欺みたいな記事を書いちゃう。

まあ、同意条件があるから、基準が下がっても、抜け出ることは可能だから、問題ないのですが。

門田　安倍政権のやることは、何でもつぶせばいいという発想しかないからですよ。

髙橋　もう一つマスコミが書かなかったのが、労使委員会のこと。これも法案の条文に書いてあるんです。「当該委員会がその委員の五分の四以上の多数による議決により次に掲げる事項に関する決議をし」となっている。

つまり、労使委員会を作って、五分の四が賛成しないと導入できない制度なんですよ。

さらに、同意条件というのがあって、「書面その他の厚生労働省令で定める方法によりその同意を得たもの」となっている。五分の四の賛成で、そのうえ個別の同意が必要ということだから、かなりハードルが高い。

さっき言ったように、脱退も自由です。出入り自由で、嫌だと思ったらやらなければいいし、入ったけど途中で脱けたいと思ったら脱ければいい。

マスコミの人たちは、「労働者が嫌だと言えない状況になる」と言っていたんだけど、そんなことはありえません。だって、高プロって、ものすごく仕事のできるプロフェッショナルたちですよ。そういう人たちが嫌だという権利を抑えつけられるような会社なら、彼らは辞めて他の会社に行きますよ。どこの会社でも雇ってもらえるようなプロフェッショナルが「高プロ」なんです。

会社を支えている人たちだから、会社は辞められたら困る。会社に対して発言権の強い人が対象です。もし会社に言えなくても、最終的には、労働基準監督署に持っていけばいいんだし。

門田　基準は、正確にいえば、年収一千七十五万円ですよね。年収一千万円を超えている人はどのくらいいるんですか。

髙橋　高プロの収入基準の対象者は、だいたい四％以下です。労働者全体の中でほんの一部です。

受験の時に偏差値というものがありましたよね。偏差値というのは、全体の分布を示したもので、偏差値六十八くらいまでに、九六％の人が入る。上位四％以内に入っているというのは、ざっくり言うと、偏差値七十以上ということです。

つまり、年収の分布を偏差値で表したときに、偏差値七十以上の人が、出入り自由の制度を使うかどうかを選べるという話なんです。それ以外の人にはまったく関係がない。収入は年齢と関係しているから、五十歳以上の人だと高プロの収入基準を超える人は十数パーセントになるけど、四十代以下の人は、ごく一部の人を除いてほとんど関係がない世界です。

過労死された方やそのご遺族の方には、非常に申し訳ない言い方になるんだけど、若くして過労死された方のほとんどは、高プロに含まれていないんです。労働組合の組合員も、収入基準で見ると、ほとんど関係ないと思いますよ。もし組合員で一千七十五万円以上もらっているなら、労働貴族です。

門田　組合員は、ほぼ対象じゃないということですね。

髙橋　そう思います。対象じゃない人が対象の人たちの働き方改革について文句を言っているんですよ。どうして対象じゃない人が文句を言うのか、よくわからないですけどね。

「高プロ」は大谷クラスの人間のみに適用されるだけ

門田　働き方改革法案について、私は、朝日と毎日は煽っているんだなと思いながら、先述した通り、その捻じ曲げ方のノウハウを学べるので、ちょっと楽しみに読んでいました（笑）。

髙橋　煽って書いていたのは間違いないと思うけど、マスコミの記事は、法律を読んでいないことがすぐにわかる記事ばかりでしたよ。記者として恥ずかしくないのかと思う。

全体の労働者のうち四％の人が対象ということは、二十五人に一人です。従業員五十人くらいの企業なら、対象者は社長の片腕の二人くらいですよ。あとの人は全員対象外です。

私は役人の時に五百人くらいの長になったことがあったけど、五百人だと四％は二十人。私の実感としては、五百人のうちで仕事ができる人って、五人から十人くらいだった。そういう人だけが対象になるような制度です。

郵政民営化の時には、各役所から集められてきた役人百人くらいが竹中平蔵（郵政民営化担当大臣）さんの下で働いていました。竹中さんの基準で見ると、竹中さんが満足するくらいに働いている人は二人か三人だと言っていました。三人いれば、百人の組織は回るということなんです。だいたい二十五人に一人くらいということです。門田さんがいるときの『週刊新潮』は、何人くらいでしたか。

門田　五十人くらいでしたね。そのうち、仕事ができる人間は、四、五人くらいでしたね。二十五人に一人よりは多いのかもしれない。

髙橋　仕事ができる人は、二十五人に一人よりは多いと思うけど、経営者から見て新潮社全体を支えていると思えるくらいの人は、おそらく二十五人に一人程度か、もっと少ないはずですよ。

郵政民営化の時に集められたのは省庁のトップクラスでした。キャリア公務員が五十人くらいでノンキャリア公務員が五十人くらい。みんな優秀だから仕事はできますよ。だけど、大臣の立場から見ると、使えるのは二人か三人くらいなんですよ。基準がものすごく高いわけ。

経営者が欲しいのは、野球で言えば、ドラフトにかかるくらいのレベルです。毎年甲子園に行く選手って多いですよね。五十校くらいが出て、各チームレギュラー選手で二十人程度。春夏合わせて、高校一年、二年生もいるでしょうが、大雑把にみて、まあ千人弱の高校三年生が甲子園に出ているでしょうかね。でも、そのうちドラフトにかかる高校三年生は、三十人くらい。三、四％です。甲子園に行った高校生たちは、みんな野球はものすごくうまい。だけど、球団経営者が欲しい高校生はごくわずかです。

門田　大谷、ダルビッシュクラスということですか。

髙橋　大谷、ダルビッシュまでいくと、もう彼らは「例外中の例外」ということになっちゃう。そこまで行かなくても、ドラフトにかかるというレベルです。

それと同じくらいの人が、「高度プロフェッショナル」なんですよ。「ちょっと仕事ができる」というレベルの人は、対象外。ドラフトにかかるくらいのプロだけが対象の制度です。その人たちだけ、労働基準法の適用除外になる。

日本では労働基準法の適用除外の職種が、実は一職種だけある。国家公務員です。私なんかは、ずっと適用除外だった（笑）。

門田　国家公務員は全員が適用除外ですか。

髙橋　そうです。国家公務員は適用除外だけど、国家公務員の自殺率、死亡率を調査すると、全職種よりすごく低い。なぜかというと、キャリア公務員に仕事を集めているだけで、他の人たちはそこまで仕事量は多くないから。

「公務員は夜中まで働いていて大変だ」と言われるけど、あれはほぼキャリア公務員のこと。キャリア公務員が膨大な仕事を抱えているのは事実です。

だけど、キャリア公務員は使命感を持っているし、ある程度の覚悟をして入ってきているから、自分である程度の健康管理をできる。サボるというと申し訳ないけど、けっこう息抜きしているんですよ。だから、キャリア公務員は、それなりに自己管理できるし、それ以外の公務員は、キャリア公務員ほど仕事量は多くないから、全体としてみると、国家公務員の死亡率は他の職種と比べるとかなり低くなる。

労働基準法適用除外については、国家公務員のデータがあるから、一般労働者に適用除外を入れたときにどのくらいの死亡率になるかという数字は、かなりの程度推測できます。

プロ野球のドラフトにかかるレベルの能力の高いキャリア公務員は、それなりに自己管理ができる。彼らだけを適用除外にすると、死亡率はそんなに今と変わらないと思いますよ。国家公務員のデータを参考にすれば、けっこうロジカルな議論ができます。

マスコミの人は、そういうロジカルな仕組みを勉強していないから、煽って騒ぐんですよ。

端的に言えば、経営者が、二十五人に一人くらいの自分の腹心の処遇をどうするかというような話で、一般従業員は関係ない。一般従業員を無理やり働かせても、会社の利益は増えないですからね。経営者は、一般従業員はこれまで通り普通に働いてくれればいいと思っているはずですよ。「高プロ」は、会社を支える「ドラフト選手」レベルのメンバーに自由な働き方を選んでもらって、会社にもっと貢献してもらえたらいいな、という制度です。繰り返しますが、二十五人に一人くらい（笑）。

門田　自分が大谷クラスでなければ、「高プロ」なんてまったく関係のない話ですよね。

他国の実情を調べてから記事を書け

髙橋　そもそも、マスコミの人たちは、法案を読んでいないだけじゃなくて、海外のことをまったく調べないでしょう。他の国に同じような制度があるかどうかを調べないと適切な議論はできませんよ。

労働基準法というのは、だいたい、どこに国にもあります。労働者を守らなきゃいけないから。

だけど、適用除外が儲けられている。プロスポーツ選手は、適用除外になることが多い。こういうタイプの職種がどのくらいあるかという話です。

適用除外が一番多い国はアメリカ。労働者の二割が適用除外です。アメリカは契約概念がしっかりしているから、二割くらいを適用除外にしても、それほど問題は起こらない。フランスは伝統的に左翼が強くて労働者をけっこう大事にする国だけど、それでも一割くらいは適用除外。ドイツは適用除外は少なくて、確か二、三％だったと思う。

適用除外がまったくない国は先進国ではおそらくないと思います。そういうデータを調べていくと、各国の状況がわかって、日本の位置づけが見えてくる。国際的な常識を踏まえてみると、日本で四％くらいを適用除外にするのは、常識的な線だということが見えてくるんですよ。

門田　その常識的なことをやろうとしているだけなのに、マスコミは「過労死促進法案」

というレッテルを貼って、ガンガン報道しました。

髙橋　海外で適用除外の職種の過労死が増えているんだったら話は別ですよ。だけど、そういうデータはないし、国際的な常識の範囲内で判断すればいいと思う。日本のマスコミにはそれができない。

どの国でも、普通の労働組合員はほとんど関係ないですよ。年収の高い人たちに限定しての話だから。

マスコミも野党も「絶望の自己陶酔」に陥っている

髙橋　働き方改革法案に対して、立憲民主党はずっと怒りまくっていて、審議拒否までしてしまった。同意条件の修正で出入り自由が明らかになっても、振り上げた拳をもう下ろせなくなった。

立憲民主党が審議拒否をしている間に、前述したように、維新が審議に出て、法案修正を勝ち取った形になった。政府としても、大した法案修正じゃないから、すぐに応じた。さっきも言ったけど、もともと同意条件のところに入っている話で、それを少し明確化する程度だから、すぐに修正に応じた。維新もパクッとそれに食いついて、それで「法案修正→与党＆一部野党の賛成多数」で無事成立できた。

国会にちゃんと出て審議をすれば、こういう「改良」ができるわけですよ。でも、国会に出ないで国会の外で騒いでいる人は、法案修正をされているかどうかもわからないで、ただ騒ぎ続けていた。

門田 新聞記者も審議を見ているはずだから、出入り自由が明確化されて「選択の自由」が保障されていれば、何も問題がないことがわかっていたと思います。それでも、安倍政権を批判することしか考えていないから、めちゃくちゃな記事になる。

髙橋 本当に笑えるような記事ばかりでしたね。

門田 安倍政権を批判し続けなければいけないから、笑われても書き続けるしかないんです。もはや、オールド・メディアたる新聞の使命は、特定意図に基づいて事実を捻じ曲げ、一部読者の感情を刺激する扇情記事を書くしかないのでしょう。

髙橋 マスコミの記者たちは、基本的な知的訓練ができていないんじゃないかと思いますよ。政策を論じるときには、各国比較をして日本がどういう状況かを説明するのが、まともな記事の定番です。

法案の中身についてもきちんと解説しないといけないのに、基本的なことすら書いていない。同意条件や労使委員会の五分の四の賛成のことを書かないし、年収基準は平均給与の三倍以上ということも書かない。

まったく基準に当てはまらない対象者のことを、さも対象者であるかのように書いたり、運用だけで基準が変わるというような間違った思い込みで書いたり、記者としてのレベルが低すぎますよ。

難しい内容をわかりやすく説明するというのは、記者のイロハだと思うんだけどね。まず理解できていないのだから、わかりやすく説明する以前のレベルでしょう。

門田　恥ずかしいというレベルだけど、恥ずかしいと思わない。いや、恥ずかしいどころか、自己陶酔している。

私は、そういう報道姿勢を「絶望の自己陶酔」と読んでいます。マスコミの人たち、とりわけ朝日などは、完全に「絶望の自己陶酔」に陥っていますね。要するに、安倍・自民党政権を倒すのが自分たちの存在意義だと思っているから、それに向かって一瀉千里《いっしゃせんり》に進んでいく。陶酔感に満ちているから恥ずかしいとも思わないわけです。

髙橋　彼らがそんな知的レベルだから、安倍政権を倒すという戦略も、成果を上げていないじゃないですか。安倍さんから見たら、ものすごく楽だと思いますよ。「ああ、また言っているな」というくらいですよ。成果を上げていない戦略をどうして続けるのか、私から見ると、まったくわからないですね。昔の日本軍のワンパターンの「バンザイ攻撃」「玉砕戦法」にも似ている（笑）。自己陶酔って、外から見るとシラけるんです。考え方が一緒の人はいいかもしれないけど、普通の人はシラけますよ。私も、朝日の中で、物わかりのよさそうな記者に話したりするんだけど、すぐに引っ込んじゃう。朝日のカラーがあるんだろうね。朝日は、左翼市民活動家の機関紙になっているんじゃないですか？

「おしっこマット」は「朝日新聞（紙）」が最適

門田　元朝日新聞記者の長谷川熙さんは、朝日新聞の「モリ・カケ」報道などを評して『偽りの報道　冤罪「モリ・カケ」事件と朝日新聞』（ワック）で「アジびら」「紙切れ」と書いていますよね。普通は、事実がどこにあるかをまず取材していく。でも、朝日は、まず結論ありきで、それに合うエピソードだけを収集し、事実そのものを書かないから「アジびら」になっていくわけです。だから、読まれなくなって部数も低下していく。完全な悪循環ですね。

高橋　実は、私も朝日新聞を買うことがありますよ。ただしアマゾンでまとめ買いするんですよ。

門田　えぇ、アマゾンで？

高橋　そういうとみんなにビックリされる（笑）。以前、犬を飼っていたんだけど、犬のおしっこマットに使っていたんです。新聞紙って、おしっこマットにちょうどいいんですよ。朝日新聞は人によってはアジびらかもしれないけど、私にとっては、おしっこマット（笑）。

門田　「朝日新聞」と指定して買えるんですか？

高橋　いや、正確に言うと、アマゾンで新聞紙を注文していたんです。新聞紙を五キロ単位で買える。ペット用のトイレシートとして、五キロでだいたい千五百円くらいです。

門田　（スマホでアマゾンをチェック。「新聞紙」と打つと……）あっ、一杯出てきますね。「未使用」と出ています。「未使用」ということは、販売店が「押し紙」（実際には「配っていない」のに印刷し、「配ったこと」にしている新聞。チラシ広告料をふんだくるために、見かけの印刷部数を増やした新聞紙）をそのまま横流ししているんじゃないですか。用途としては、本当だ、「ペット飼育の中敷として・ペット トイレシート」になっていますね。十五キロで三千二百円とか……。

「商品仕様：新古・未使用のため使用感はありません。紙を伸ばして揃えて束にしております。特徴：新古未使用なので衛生的。ペット飼育のトイレシートなどに安心してご利用いただけます。備考：日本誌（新聞社指定不可）、チラシ等は入っておりません」

髙橋　アマゾンで注文すると、「新聞社指定不可」になっているけど、私のところに来たのは、ほとんど朝日新聞だった。嫌がらせか、たまたま朝日新聞だったのかどうかはわからないけど（笑）。「押し紙」は各社やっているから、各社販売店が副業としてアマゾンに出品しているのかしれませんね。いや、本社そのものがやっているのかも（笑）。同じ日付の朝日新聞が大量に送られてきて新品同様だったことばかりでしたから、おそらく読んだ後の新聞じゃないと思いますよ。読み終えた新聞を、販売店がリサイクルのためによく回収しているけど、しわくちゃじゃなかったからね。大量に印刷して発行部数を水増しして「押し紙」として配っているでしょう。それでも捌《さば》ききれなくて残るから、こんな形でリサイクルするしかないわけだ。焼却するよりはまだいいのかも。

門田　やはり、新聞販売店が「押し紙」を業者に出して、それがアマゾンに出ているんですかね。

髙橋　そこはよくわからない。でも、需要と供給の世界で、欲しい人と売りたい人がアマゾンでつながっている。市場経済って、そうやってうまく回っている。ともかく、インターネットの上では、新聞は、文字通りの「紙切れ」として扱われている。そのくらいの価値しかないんです。でも社会的な意味では役に立っている。可愛いワンチャンのためにも（笑）。

ただ、ある時、ワンチャンが広げた新聞紙でいつものようにオシッコをしない時があった。

門田　どうしてですか？

髙橋　なんでかな？　と思って、よくよく新聞紙を見たら、いつもの朝日じゃなくて、たまたま、その時は某保守系新聞だった。だから、ためらっていたんだ。犬にも新聞の違いがわかるんだ（笑）。

週刊誌の「朝日新聞化」はなぜ進むか

門田　朝日と毎日もひどいけど、最近は、週刊誌も似てきましたね。『週刊新潮』と『週刊文春』では、文春の朝日化のほうがひどい。朝日やNHKと違うことを言うのが週刊誌の役回りでもあったのに、同じことを言うから存在価値がなくなってきた。

ABC調査で、『週刊文春』は週刊誌の中で第一位だけど、二〇一八年上期では三十三万部まで落ちている。『週刊新潮』は二十五万部。『文藝春秋』本誌は二十三万部です。ここ数年のうちに、十万部台に落ちていくでしょうね。『WiLL』に抜かれるかもしれない（笑）。

さっきも言ったように、今の時代は、左右対立の時代ではなくて、「DR戦争」なんです。ドリーマー対リアリストの時代に、ドリーマー向けの雑誌を作ったらダメなのに、新潮、文春まで、そっちに目が向いてしまった。新潮OBとしては寂しいですよ。

髙橋　寂しいなんてウソでしょう！（と一喝！）。

門田　えぇ？

髙橋　早く辞めて良かったと思っているくせに（笑）。

門田　本音はね（笑）。私は四十九歳で辞めて、ちょうど十年経ちましたが……。

髙橋　残っていたら、今頃、大変だったでしょう。『新潮45』騒動に巻き込まれて、左翼デモ相手に広報担当をしていたかもしれないから。

門田　編集じゃなくて広報ですか？　それは、たまらんなあ……。

髙橋　「先見の明があった」とみんなに言われるでしょう。早く辞めてうらやましがられているんじゃないですか。

門田　確かに、「いいときに辞めましたね」って、言われます（苦笑）。

髙橋　早く辞める人が一番いいんですよ。辞めてからのほうがたくさん稼いでいるんじゃないですか。

門田　私が辞めるときにすでにノンフィクション系は冬の時代でしたから、「辞めてどうするんだ」とよく言われました。でも、現役の時に、四冊書いていましたが、その後の十年間で四十冊以上書きました。この対談本で四十七冊目かな。

髙橋　辞めてからのほうが生産性が高いじゃないですか。個人の生産性が高いのに、それを組織（新潮社）に吸い取られていたんですよ。フリーになって吸い取られないほうが生産性が高くなり、結果として収入も増えるという典型的な成功パターンですね。

門田　確かにクリエイティブな商売の人は、早く独立したほうがいいと思いますよ。

髙橋　それはそうですよ。組織にいてノウハウさえ身につけたら、独立したほうが組織に吸い取られない分だけ稼げますよ。

門田　髙橋さんも十年くらい前に財務省を辞めたんですよね。そのときは年収は二千万円くらいはあったんですか。

髙橋　とんでもない。そんなに行かないですよ。課長職で辞めたんですけど「高プロ」の入り口くらいでしたね。辞めるときに、昔の殉職した軍人や警官みたいに「二階級特進させてやる」と言われたんだけど、断りました。退職金は少なくなったんだけど、特進を断ったことを話すと、けっこう受ける。退職金が少なくなったことが、潔かったということで、売りみたいになって、よかったですよ（笑）。一千万円ぐらい余計に退職金をもらうよりも、普通に辞めて、外で稼いだほうが絶対にいい。

実は、私が辞めるときに「髙橋を天下りさせろ」という圧力がすごかった。私は、天下り斡旋禁止の法律を作ったから、私を天下りさせれば、口封じとしては最高でしょう

（笑）。黙らせることができると思っていたらしい。だから、再就職先をものすごく斡旋された。もちろん、全部断って辞めました。

門田　そこで天下りしていたら大変でしたね。

高橋　天下りしていたら、言行不一致になり、完全にアウトです。天下りを禁止する法律を作っておいて、自分が天下りしたら、もう言論人として終わり。もちろん、天下れば、それなりに収入は保証されます。

　私としては、選択できることが重要でした。天下りしないで自由に生きるが収入は不安定と、天下って不自由だが収入が保証されているのとの選択権があることがポイントでした。

門田　高橋さんも辞めてからのほうがよほど稼いでいるんじゃないですか。本は何冊くらい出していますか。

高橋　私も二〇〇八年三月に退官したから辞めて正味十年。百冊は超えていると思います。役所にそのままいた場合の生涯年収よりは、辞めてからのほうがはるかに稼いでいると思いますけど、何よりも、辞めてからはお気楽。大学との契約も完全に年俸制ですしね。

門田　私の場合、『週刊新潮』にいたときは、プライベートも含めて自分の自由にできる時間がほとんどなかったですね。一年三百六十五日二十四時間、全部新潮社に吸い取られているというか、捧げている感じだった。

今はそれがなくなって、二十四時間全部が仕事であるという意味ではあまり変わりませんが、その二十四時間をすべて自分で管理できるし、好きな仕事をやっている分、ストレスもたまらず、意外とのんびりすることもできて、バランスが取れています。髙橋さんはどうですか。

髙橋　まったく同じですよ。気楽でいいですよ。ただ、門田さんみたいに度胸はないから、完全フリーにはならずに、大学という組織には一応属している（笑）。

門田　でも、教授会には出なくていいんでしょう。

髙橋　一切出る必要がない。そういう契約をしたから。他の教授に比べるとオブリゲーション（義務）がほぼない契約です。プロ野球選手みたいな契約で、「これとこれをやってください」というものを年俸制でやっている。そういう仕事形態の人が、「高プロ」の対象者なんですよ。

新潮社だって、門田さんみたいに辞めて稼げる人って、少ないと思いますよ。私が知っている範囲でも、ジャーナリストと称していて独立系でうまくいっている人はものすごく少ない。でも、やはり「一芸」がある人は、組織から離れて独立したほうがハッピーでしょうね。上司もいなければ、部下もいないんだから。

門田　いや、実は、門田隆将事務所は、女房が社長なんです。つまり「上司」。だから、私は「部下」としてこき使われている（笑）。でも、家族経営だから、私が労働組合を作って、弊社社長である女房に「ストをします」って言ってもしょうがないしね（笑）。

髙橋　なるほど……。結局、「高プロ」っていうのは、企業の中の「脱出予備軍」なんですよ。経営者は仕事が抜群にできる人に脱出されたくないから、処遇を考えなきゃいけない。抜群にできる人が脱けたら、会社の戦力が大幅にダウンする。高プロ制度は、そういう人に働き方の自由を与えて、つなぎとめる制度と言ってもいいですよ。

年収基準を下げて、タイムカードを押して働いている労働者を「高プロ」に入れて搾取しようなんて、経営者は誰も思っていないですよ。そういう人は、普通に働いてくれればいい。

こういうことをはっきりと言うと、差別的に思われてしまうから、堂々と言いにくい。だから、本質的な議論にならないという面もあります。

門田　ジャーナリズムは、そういう深層まで追究してこそ、報道価値を生み出せるんでしょうが、目先の特定意図というか底意で蠢《うごめ》いている。そのために、ますます信頼感を失っていくわけです。「押し紙」問題も知らぬ存ぜぬの態度だけど、髙橋さんが指摘されたように、アマゾンの「未使用新聞紙」が犬のおしっこマットで売られている実情を見れば、言い逃れはできません。せめて、新聞を持たないＮＨＫがそこを「スペシャル」番組で追及すればいいのにそれもしませんね。

ということで、本章の最初の結論に戻りますが、「日本には、まともなメディアが残っていない」『メディア総崩れ』と言うしかないですね。

第三章

オウム事件の教訓を忘れた日本に〝五輪テロ〟の恐怖

オウム事件は警察の怠慢が引き起こした事件だった

門田　二〇一八年七月に、一連のオウム事件の首謀者・松本智津夫（麻原彰晃）以下死刑囚十三人全員が死刑執行されました。私は『週刊新潮』時代から、オウム事件をずっと追ってきて、裁判も傍聴したりして記事を書いてきました。

このオウム事件は、日本のジャーナリズムを考える上でも重要な案件です。そのことを論じていきたいと思います。振り返ってみると、オウム事件というのは、そもそも警察の怠慢によって発生し、拡大した事件と言ってもいい。防ごうと思えば、防げた事件でした。

髙橋　やはりそうなりますか。

門田　假谷《かりや》さん拉致事件（オウム真理教が一九九五年二月に、当時目黒公証人役場事務長だった假谷清志さんを拉致・監禁し、殺害・死体遺棄した事件）にしても、假谷さんが拉致されて、オウムとみられる関係者によって車に押し込まれているところを目撃している人がいるわけです。息子さんが警察に行って「早く非常線を敷いて下さい！」と言っても、やってくれない。押し問答の間に、オウムは假谷さんを上九一色村のサティアンに運び込むことに成功し、翌日、假谷さんは死亡しました。

初動の怠慢だけでなく、假谷さんを拉致する際に使ったワゴン車はレンタカーで、その運転手役の信者がワゴン車を借りる時にレンタカー屋の書類に自分の指紋を残してしまったんです。オウムの信者の指紋をすぐに割り出した警察は、それでも上九一色村に家宅捜索をかけませんでした。別件で入るべき案件を警察は何件も持っていたのに、それさえ行使しなかったんです。

つまり、假谷さんの命は、最初から「捨てられて」いたわけです。善良な市民「一人」の命を救うために警察が存在するなどと、夢にも思ってはいけないことをこの事件は示しています。これを放置したことが、その後の地下鉄サリン事件を呼び込んだのです。相手が宗教法人であると、坂本弁護士一家失踪事件でも、假谷さん拉致事件でも、警察はたちまち及び腰になりました。言い換えれば〝野放し〟に近い状態にしていたわけです。

警察上層部の保身と事なかれ主義の前では、国民の命など、吹けば飛ぶようなものです。「信教の自由」などと、ひと言でも言われたら思考停止するレベルのキャリア官僚の情けない実態を国民の前に晒《さら》した事件だったと言えます。なんのために自分が警察官僚となったのかを一人ひとりに思い起こして欲しいですよ。果たして警察官僚があの事件を教訓にしたのだろうか、と今も国民の一人として心配になります。

髙橋 その教訓は、マスコミ関係者にも当てはまる。坂本弁護士一家殺害事件だって、一九八九年にTBSのワイドショー番組のスタッフが、坂本弁護士によるオウム批判のインタビュー映像をオウム真理教幹部に見せたことが遠因となって起こったわけですからね。

門田 假谷さん拉致事件以前の九四年の松本サリン事件がオウムの犯行であるというのは、九五年元旦の読売新聞「上九一色村からサリンの生成物発見」というスクープ記事によって、国民が知るところとなっていました。それでも、さきほど言ったように、假谷さんの事件が起きても、警視総監以下、宗教法人相手だと及び腰で「まあ、待て」となるわけです。

その結果、オウムは一九九五年三月十五日、つまり、假谷さん事件の半月後、失敗はしたものの、ボツリヌス菌の噴霧を地下鉄霞ケ関駅で敢行し、先に攻撃を仕掛けてきたわけです。しかし、それでも警察は動かなかった。そして、三月二十日の地下鉄サリン事件となったわけです。

そのあと、警察庁幹部の中には、トイレに行くときさえ警備に付いてきてもらうような情けない人間もいた。それほど自分の身の安全を心配していたのに、国民の安全に対しては何も配慮しなかったわけです。

坂本一家失踪事件も、オウムの仕業であることが濃厚なのに、キャリアの神奈川県警刑事部長が及び腰で、現場が思うように動けなかった。坂本家の部屋は、激しく争った跡があり、しかも、そこには、オウムのプルシャ（バッジ）が千切れ飛んでいたんですからね。しかし、そのキャリア官僚は、自分の出世がかかっているので、信教の自由や、宗教弾圧と言われることを嫌がったんです。一連のオウム事件は、こういう警察の怠慢によって引き起こされたんです。

林郁夫に〝洗脳〟された検察官たち

髙橋　私は地下鉄サリン事件の時は海外（スペイン）に出張していて、テレビのニュースでしか見ていないけど、後で警察内部の話はいくつか漏れ聞きました。オウムの裁判で無期懲役になった林郁夫は、本人が自首をしたから罪一等を減ずということにしたらしいですね。逮捕してから吐いたんだから、法律的には自首じゃないんだけど、それを自首扱いにするために苦しいロジックを使っていた。

門田　私は林郁夫の裁判も傍聴しましたが、これは、検察の求刑自体が無期懲役でしたからね。林郁夫の犯行によって、千代田線の代々木上原行きでは二人の死者が出ています。一方、丸の内線の池袋行きでは、横山真人はサリンの袋のうち、ひと袋しか穴を開けておらず、死者は一人も出ていないんです。しかし、横山は、求刑から死刑で、判決も死刑。しかし、林は、求刑も、判決も無期です。

オウム裁判は、判決もめちゃくちゃなんです。いくら犯行を積極的にしゃべったからといって、死者が二人も出ている林郁夫が無期で、一人も出していない横山が死刑なんて、本来はあり得ない。

理論上は、共謀共同正犯ですから、〝一部行為の全部責任〟が法的には基本です。しかし、検察はあり得ない求刑をしたわけです。あの時、私たち事件をウオッチしていたジャーナリストの間では、「検察官は、完全に林郁夫に洗脳されたな」と、話し合ったものです。死刑を求刑して、判決が無期ならわかりますが、検察は完全に林にマインドコントロールされてしまったと思いますよ。慶応大学医学部出身の心臓外科医の林郁夫に対して、司法試験という難しい国家試験をパスしている検察官は、同じエリートとして共感を感じたんでしょうね。エリートはエリートを助く、ということです。検察も、その点では、いい加減でした。

一九九六年九月十九日の麻原の裁判で林郁夫が証人出廷した際、私は、林郁夫から数メートルしか離れていない最前列で傍聴していました。林は、かつての師を「麻原」と呼び捨てにし、心から反省し、肩をふるわせて泣きながら証言していましたね。

麻原と弟子との直接対決は、翌日の九月二十日もありました。今度は、〝修行の天才〟にして、〝神通並びなき者〟とも言われたアーナンダこと井上嘉浩です。井上嘉浩は、法廷で〝リムジン謀議〟と呼ばれる地下鉄サリン事件の経緯をいきなり、爆弾証言しました。

「真の修行者として松本氏に立ち向かう」と述べ、教祖との決別を宣言し、「真実を明らかにすることが、私にとって犠牲者への最大の償い」と語っていた井上がこれを暴露した時は、法廷がどよめきましたよ。

事前の打ち合わせなしで、いきなり井上嘉浩がこれを暴露したので、麻原弁護団の渡辺脩弁護士が、「検察は卑怯だ。事前に示すことなく、いきなりこんなことを暴露させた」

と、抗議の会見をやったほどです。麻原と地下鉄サリン事件との直接的な指示がまだ明らかになっていない時だったので、麻原が土俵際どころか、いきなり土俵下まで突き落とされた感じでした。

井上は、一審で無期、二審以降が死刑の判決を受け、オウム裁判の中で、唯一、一審と二審の判決が天と地ほども違う元幹部となりました。

井上の裁判は、二審も傍聴しましたが、こちらは、初めから「結論ありき」の裁判でしたね。一審を覆すような証拠は出ませんでしたが、假谷さん事件では、逮捕監禁から逮捕監禁致死とされ、地下鉄サリン事件では、後方支援から、総合調整役になり、死刑判決が下されました。

林郁夫が無期で、井上が死刑というのは、明らかにヘンでしたね。私は、このほど井上が二十三年間、書きつづけた獄中手記およそ五千枚、それから、膨大な書簡や詩をもとに『オウム死刑囚　魂の遍歴』（ＰＨＰ研究所）を上梓しましたが、オウム事件というのは、事件の捜査から始まり、判決に至るまで、おかしなことだらけでした。

髙橋　あっ、そうだったんですか。しかし、その井上嘉浩も七月に死刑執行されましたよね。

井上嘉浩の死刑執行への疑問

門田　あの井上への死刑執行はおかしいと言わざるを得ません。というのも、井上は、（二審以降の）確定判決は間違っている、として、新証拠を提示して再審請求をしていたからです。

誤解してほしくないのは、私は死刑制度に反対しているわけではありません。死刑制度というのは、厳粛なものであり、さまざまな意味で存在意義があります。日本では、国民のおよそ九〇％が、死刑制度を支持しています。しかし、それは、制度が厳格に、そして、間違いがないように運用されることが大前提です。人間の命がかかっているのですから、当然のことです。

最高裁で上告棄却により井上の死刑が確定したあと、刑事弁護で著名な伊達俊二弁護士（東京第二弁護士会所属）が井上につきました。伊達弁護士は、裁判員裁判第一号事件を手がけたことでも知られていますが、彼自身、死刑制度の意義を認めている人物です。だから、死刑廃止を訴える人権派弁護士のようなことはしません。彼は、一審と二審以降の判決文を読み込んで、すぐに二審以降の事実認定がおかしいことに気づきました。それは、なにかというと、假谷さんの死亡原因なんです。

刑事ドラマではありませんが、伊達弁護士は、一九九五年三月一日が「大雪」だったことに気づいたのです。

これはどういうことか。假谷さんの死亡時間は、三月一日午前十一時前後となっています。前日（二月二十八日）、假谷さんを拉致したオウムは、先程も触れたように警察の考えられない怠慢によって、その日の夜中、假谷さんを上九一色村のサティアンに運び込むことに成功します。井上は、このとき假谷さんを拉致した車に置いてきぼりを食い、遅れて上九一色村に帰ったが、すぐ東京にとって返した。しかし、そこで雪が降り始めたんです。

検察側の事件の立証は、假谷さんにチオペンタールを打ちつづけた中川智正死刑囚の供述に基づいています。東京にいた井上は、中川から電話を受け、ある信者を上九一色村に連れてくるよう命令されている。中川は、「井上に電話をかけにいったのは午前十一時前で、その日を離した十五分ほどの間に假谷さんが死亡していた」と供述しました。假谷さんの〝偶然の死〟を強調するために、死亡時間をそう語ったと思われます。

しかし、井上の証言は異なります。

「中川さんからの電話は午前八時台か九時頃で、だから雪の中を信者を呼び出して合流し、午後に上九一色村に戻ることができた。雪のせいで、ものすごい渋滞になっており、中央高速ではなく東名高速を使って、迂回してやっと着くことができた」と証言したのです。もし、午前十一時前に電話を受けていたら、大雪の中、とても午後の早い時間に上九一色村に戻れるはずがなかったわけです。

確定判決は、あの日が「大雪」であり、中央高速道も渋滞で車がほとんど動かなかったことを見逃していました。では、なぜ中川はそんなウソをついたのか。それは、假谷さんが〝偶然の死〟でなければならない理由があったのではないか。

井上は、上九一色村に到着した際、中川から「どうせ（假谷さんを）ポアさせることになっていたので、この際、殺害できる薬物の効果を確かめてみようと思った。その薬物を打ったら假谷さんが急に光り出して亡くなってしまった」と聞いたことを証言しました。一方、中川はこの井上証言を真っ向から否定しました。

假谷さんの死は、果たして「逮捕監禁致死」なのか、それとも中川による「殺人」なのか。これは、事件の真相に関わる大問題でした。私が伊達弁護士に取材すると、彼が一審判決の次の部分に注目していることがわかりました。

〈第2サティアンにおいて、逮捕監禁の当初から関与している中川智正が付き添い、さらに林郁夫も立ち会っていること、林郁夫、中川はいずれも医師国家試験を合格し、十分な経験を有する医師であること、それまでナルコ（注＝薬物によるイニシエーション）は医師立ち会いの下で医学的立場から行われており、管理不十分などによって人が死亡した事例はなく、被告（注＝井上）もそのようなものと認識していたこと、この間の事情は、全身麻酔薬を使用して教団施設まで拉致してきた場合にも、おおむね同様であることなどの事情に照らすと、被告が医師である林郁夫や中川が假谷清志に対して適切可能な医療管理を行うであろうと考えたことにはそれなりの理由があると認められる。

この点については、假谷の死亡の2時間程度前まで、同人の状態を医学的な観点から管理していた林郁夫ですら、假谷の死亡の事実を聞かされて納得がいかなかったと供述し、そのような事態が予想できなかったことを率直に認めている。

そうすると、本件の経緯や中川の資格等にも併せかんがみれば、右のような意味での中川による不適切な行為があり、それによって假谷が死亡した場合には、直ちに被告の関与した行為から生じたものとは認めることはできない〉（注＝傍点は門田）

つまり、一審では、中川による「不適切な行為」を当初から指摘しており、実際に法廷だけでなく、林郁夫も、その著書『オウムと私』（文藝春秋）で、こう記述しているのです。

〈假谷さんは状態が安定しており、血圧、脈、呼吸など、これまで通りの観察項目のどれにも異常はありませんでした。私は假谷さんの状態が落ち着いているため、私でなくても管理ができると思い、第六サティアンに戻ろうと思いました。時計を見ると、午前六時半になっていました。

私はまったく治療省に連絡も入れていなかったし、途中で放ってきたワークもあったので、中川が一度戻ってきたときに、交替して私を戻してくれるように頼みました。中川は午前十時か十時半に麻原と会うので、それまでは假谷さんの管理をするように私にいって、またどこかへ出ていきました。

午前九時か九時半ごろ、中川が戻ってきて、「尊師とは会えなくなった、午後一時か一時半だかに会う、後は假谷さんを僕自身がみるから」といいました。そこで、わたしは点滴システム、点滴の内容、チオペンタール溶液の濃度などを説明し、血圧／呼吸は安定していること、適宜チオペンタールを注入すれば睡眠しつづけること、安定はしているけれど、呼吸には気をつけること、などを申し送りしました。

呼吸状態のことを注意したのは、それまで私がもっとも心をくだいて観察してきたことだったからです。私は患者さんを管理するときは、起こり得る最悪の状況を想定して、それに対処する心づもりをし、それに必要な物を準備してきました。假谷さんの場合も、第二サティアンに連れてこられたときの心配項目の一つが呼吸状態だったので、呼吸に関するいろいろな障害を想定し、その対応を考えていたのです。

私は中川は一般的な診断能力や救急処置とその管理能力はもっていると思っていましたので、いちいち細かい観察、管理の仕方などまでは話しませんでした。私はその後、第六サティアンに戻りました。

私は同じ日の午後三時か四時ごろ、用事があって第二サティアンに行ったとき、第二サティアンの入口へ通じる坂のところで中川と会いました。中川は近くにあるトイレのほうから歩いてきて、たまたま私と出くわしたのです。私は假谷さんのことを中川に聞きました。

「あの人、どうなりましたか」

　という私の質問に、中川は、

「尊師と会って、尊師から假谷さんをポアするよう指示を受けた。ポアの実行を新しく事件に参加したサマナにやらせることになった。ポアの手段は塩カリ（塩化カリウム）の注射だ。それで、そのサマナを假谷さんの所へ連れていったが、假谷さんはポアさせるまでもなく、亡くなっていた」

と答えました。（略）中川は、假谷さんがどのようにして亡くなったのかは、いいませんでした。このとき、私が中川に引き継いだ状態から考えて、假谷さんがなにもしないのに亡くなったということは、不可解だと思ったことを記憶しています〉

　こうして見てみると、井上、中川のどちらの証言が信用性が高いかは、自ずと想像がついてきます。つまり、假谷さんは、逮捕監禁致死ではなく、中川に殺されたのではないか、という疑惑が膨れ上がってきたのです。要するに、井上の逮捕監禁致死は成立しないということです。それを伊達弁護士は、一九九五年三月一日の大雪の新聞記事等の新証拠を出して証明しようとしたわけです。

この異例の再審請求は、東京高裁を揺り動かしました。二〇一八年三月十四日に提起された井上の再審請求は、東京高裁刑事八部で、早くも五月八日に第一回の進行協議がスタートしたのです。そして、二回目の進行協議は、七月三日に開かれました。

高裁は、大雪の新聞記事にも興味を示し、一審と二審以降の判決のどちらが正しいのか、吟味を始めたわけです。そして、高裁は、この二回目の進行協議で検察に対して、

「井上の携帯電話の発信記録を今月中に提出しなさい」

と命じ、それをもとに進行協議を進めるとして、次回の期日を「八月六日」と定めたのです。この発信記録が証拠提出されれば、これまで中川供述に拠って立っていた假谷さんの死の真相が変わってくる可能性が出てきたわけです。しかし、それが検察にとっても、また、司法全体にとっても、〝不都合なもの〟であることは言うまでもありません。

そして、上川法相によって、井上も中川も両方、死刑が執行されるのは、その高裁での進行協議のわずか「三日後」のことです。

つまり、新証拠が提出され、再審請求の進行協議がつづき、まさに真相究明に向かっ

て動いているその途中で、ばっさり国はこれを「断ち切った」わけです。

驚きました。やはり、私も多くの国民と同じように、日本には死刑制度が必要であると思っていますが、先にも言ったように、それは、死刑の執行が妥当な場合に限ります。私には、この井上に対する死刑執行が妥当だったとは、とても思えないんです。

死刑が執行された後、伊達弁護士と話しましたが、彼も怒っていました。こんなことが、法治国家として許されるのか、と。伊達弁護士はこう言いました。


「今月公開される発信記録とは、假谷さん事件における中川元信者の証言を覆す重要な証拠でした。しかし、その前にいきなり二人の死刑を同時に執行してしまったために、假谷さん事件の真相が解明されなくなりました。

再審請求中の死刑確定者に対する死刑執行は、刑の確定者に対する再審請求権を奪うものであり、また本来、死刑にされなくともよい者までも国家が死に至らせることにもなります。今回の死刑執行は、国際的にも非難は免れない。私は、井上嘉浩氏のご遺族と協議し、今後も再審請求をつづける所存です」

伊達弁護士の「本来、死刑にされなくともよい者までも国家が死に至らせる」という意味をどう考えるべきでしょうか。私は、死刑制度の意義を認めているだけに、この上川法相と法務当局がやった「取り返しのつかない判断」を認めることはできないですね。法治国家である以上、真相究明をやった末に「それでも死刑が妥当」ということになって初めて執行すべきではないでしょうか。

刑事裁判とは、細かな事実認定が「命」であることはいうまでもありません。これが蔑《ないがし》ろにされれば、司法への「国民の信頼」が成り立つはずがないのです。

たしかに井上は、オウム犯罪に数多くかかわっていた。しかし、その一方で「殺人」をことごとく「避けて」いたことが一審では明らかになっています。井上は、直接、手を下す犯罪からは「逃げている」ことを伊達弁護士は指摘しています。

くり返しますが、オウム犯罪の死刑執行は当然でしょうが、事実認定に関する主張がまだつづいているその時に、いや、検察にとって極めて不都合な新証拠が開示されるその時に、有無を言わせず「刑を執行する」のは、許されることではありません。

執行当日の会見で上川法相は、記者から再審請求中での執行を問われ、一瞬、戸惑った上で、

「個々の死刑執行の判断に関わることなので、お答えについては差し控えます」

と、答えています。さらに上川法相は、

「私としては、鏡を磨《みが》いて磨いて磨いて磨いて、という心構えで、慎重にも慎重な検討を重ねたうえで死刑執行命令を発しました。判断する上では、さまざまな時代の中のことも、そして、これからのことも、ともに考えながら、慎重の上に慎重に、重ねて申し上げますが、鏡を磨いて、磨いて、磨いて磨き切る気持ちで、判断いたしました」

そう述べています。本当に上川法相が「鏡を磨いて、磨いて、磨いて磨き切る気持ち」で、真相究明がつづいている最中の人間に対して死刑執行の判を捺《お》したのなら、この人は判断力、哲学、情理、常識、感覚……すべてにおいて、法務大臣になるべき資質を備えた人間では「なかった」ということですね。国民の一人として、そんな人物を法務大臣に起用した安倍首相に対しても残念でならない、と言いたいですね。

「全知全能」を装う裁判所の嘘

髙橋　なるほどね……。要は、私は、これは裁判所の問題だと思いますよ。法務省というのは執行機関だから、裁判所で結論が出たらどうしようもない。再審請求はたくさんあるけれど、法務省の問題ではなくて、裁判所でやる問題。裁判所で係争中だったら、法務省は執行しませんよ。

門田　高裁の刑事八部がやっていたわけです。さきほど言ったように、五月八日、七月三日と、二度の進行協議があり、検察が提出してくる井上の携帯の発信記録に基づいて八月六日に三回目が開かれる予定でした。

髙橋　でも、井上の裁判はかなり前に終わっている。

門田　終わっています。二〇一〇年に死刑が確定しています。

髙橋　もう少し時期が早ければ何とかなったかもしれないけど、ちょっと遅かったんじゃないですかね。

門田　いや、「かたち」だけの再審請求ならともかく、本当の意味でやっていますから、入念な証拠収集の末に、おこなうことは「時期」の問題ではないと思いますよ。実際に「かたち」だけの再審請求なら、ほかの死刑確定囚もやっていますからね。しかも、くり返し、やっています。

しかし、井上の場合、そんなものではなく、伊達弁護士が真っ正面から「確定判決は間違っている。一審の事実認定が正しい」という新証拠を探し出した上で、再審請求書を書き上げたわけです。そして「初めて」これをおこなったのです。だからこそ、価値があると思います。時期の問題ではないですよ。

髙橋　裁判が終わってしまうと、後で覆すのは大変です。せめて判決後のなるべく早い時期に言わないといけない。時間が経ってしまうと、どうしようもないんですよ。

門田　真相究明というのは、そんなに「すぐできるもの」ではありませんよ。

髙橋　でも、上川法務大臣には、法的な瑕疵《かし》はないですよ。オウムの一連の裁判がすべて終わったのは、二〇一八年の一月でしょう。それからちょうど六カ月だから、理屈は立つんですよ。

門田　私は、伊達弁護士も言っているように、なんのために刑事訴訟法第四三五条以下に、あれだけ細かく再審請求のことが規定されているのか、という根本を聞きたいですね。刑の確定者が持っている「再審請求権」というのは、刑事訴訟法の存在意義を示す重要なポイントだからです。

たとえ三審制であっても、それでも人間がやることですから「間違い」があるものです。しかし、刑事訴訟法は、それをも救おうとしているんです。つまり、裁判が終わってから、つまり、時間が経ってから、新証拠や証人が出てくることもあるわけです。そういう確定囚にも、刑事訴訟法は、「真相究明」を第一に再審請求権を与えている。

刑事訴訟法の総則第一条を読んでください。〈この法律は、刑事事件につき、公共の福祉の維持と個人の基本的人権の保障とを全うしつつ、事案の真相を明らかにし、刑罰法令を適正且つ迅速に適用実現することを目的とする〉（注＝傍点は門田）と書かれています。

つまり、事案の真相究明が刑事訴訟法の「命」なんです。それは、刑が確定した後でも、「読いている」んです。だから、刑の確定囚にさえも、再審請求権を認めている。これを乱用する人権屋の弁護士もいますが、裁判所は、それが実質的な再審請求なのか、「かたち」だけの再審請求なのかを判断しなければいけない。決して「時期」の問題ではありません。

そして、井上の再審請求の場合は、東京高裁刑事八部が「なに？」ということになり、たちまち進行協議が始まり、検察に「井上の携帯の発信記録を出せ」という指示も出て、実際に次の期日も決まっていたんです。それを、いきなり、法の番人であり、執行者である法務大臣が真相究明の動きそのものを「断ち切った」わけです。

髙橋　ううむ……。私は、これは裁判所の問題だと思います。

門田　髙橋さんがおっしゃるように、裁判所で死刑は確定していますが、それでも人間の「命」がかかっている問題ですからね。司法関係者なら知っていますが、一審の井上弘通裁判長は実力派で、非常に人望も厚い人でした。今年（二〇一八年）退官しましたが、事実認定の詳細な吟味について、ピカ一の裁判官です。その人が中川の假谷さんに対する〈不適切な行為〉を一審段階で指摘し、その理由も詳細に判決文に書いていた。

私自身も、一ジャーナリストとして見ていましたが、本当に興味深かったですね。事案の真相究明という刑事訴訟法の目的をそのまま実践している裁判官と、そうではない裁判官の「差」というものを教えてもらった気がします。

最終的には死刑が確定しましたが、新たな事実も出てきて再審を請求し、次の協議の期日まで決まっていた段階の死刑執行に、私は上川法相と法務当局は、刑事訴訟法の条文と存在意義さえも「否定」したのだと思いましたね。

髙橋　報告を受けていたら判子を押さなかったと思いますよ。ただ、法務大臣というのは、本来は執行するかどうかを判断してはいけないんですよ。裁判所が判断して、裁判所で決まったとおりにしないといけない。執行しないのは、それこそ行政の怠慢、否定になってしまうから。

人の命がかかっているから不謹慎かもしれないけど、役割分担としか言いようがないんです。法務大臣の中には、「死刑執行に判を捺したくない」という人もいたりして在任中、死刑執行ゼロなんてこともあった。裁判所が決めたとおりに、私的な判断を挟まずに自動的にやるべきです。再審請求は無制限に受け付けずに、どこかで線引きをしつつも、原則として、裁判所の結論通りに執行する。そういうふうにルールを決めておかないと、この問題はなかなかスッキリしません。

誰だって死刑執行の書類に判子を捺すのはやりたくない。だから、裁判所で決まったことは自動的に執行すると決めておいたほうがいいと思いますよ。

今回は、事件の結審ではなく、関連事件まですべて含めるという拡大解釈をして、死刑確定から最後の裁判が終わるまでずっと待った。最後の裁判が終わって六カ月経ってから執行しているのは、このくらいの期間が過ぎれば、もう新しいことは出てこないだろうという判断でやったのだと思います。

「裁判所は全知全能で、すべての事実を踏まえた上で結論を出した」ということにせざるを得ない。もちろんこれは虚構だけど、どこかで虚構を作り出さないと最終的に収まらない。何が真実かというと、裁判事実が真実なんです。
門田　それはあくまでも「裁判上の真実」でしかありませんけどね。
高橋　それはそうです。あとは、「裁判上の真実」をどこまで受け入れるかということになる。

執行されない「死刑囚」が沢山いる理由とは

門田　日本には、事実上の「終身刑」があります。帝銀事件の平沢貞通死刑囚にしてもそうでしたが、最後まで執行されずに、獄中死しました。どうしてかというと、本人が否認し、そういう論調も多く、平沢に対して、多くの国民が死刑執行に疑問をもっていたからです。そういう場合は、死刑の執行に踏み切れないのです。法務大臣も人間ですからね。事実上の、終身刑です。だから、執行されない死刑囚が沢山いるわけです。
　死刑執行されるのは、事実関係が間違いないもので、本人が否認していない場合が多いですよ。内容が、鉄板のものだけといっていいでしょう。事実上、そういうふうに運用されているわけだから、まだ事実関係をめぐって動いているものを死刑執行するのは、おかしいわけです。

髙橋　門田さんが指摘したことは、法務大臣は知らなかったかもしれませんよ。

門田　私も法務大臣は細かなことは知らないと思います。しかし、法務当局は、これを報告しなければなりません。それを隠して執行させて、これほどの非難を上川法相が受けるのなら、それは法務官僚の罪ということになりますね。

まあ、それでも、井上の場合は、一審が死刑判決ではありませんから、「これは事実関係は大丈夫なのか」と聞くのが、通常の感覚です。まして、鏡を磨いて、磨いて、磨いて、磨いて、と四回も強調して語ったほどですから、官僚に騙された、とは言えないでしょう。

髙橋　発信記録に関しては、情報公開請求すればある程度はわかるかもしれない。捜査の話だから無理かもしれないけど。法務省というのは、司法試験に受かっている人たちが上のほうにいる。大臣としては、自分が何かをやるわけじゃなくて、お任せなんですよ。大臣は、ほとんど自分で判断する必要のない仕事と言っていいかもしれない。

だから、法務大臣って、ときどき大したことがない人がなっているでしょう。単純に言ってしまうと、法務大臣の答弁は、「法と正義に基づいて適切に対応します」と「個別の案件についてはお答えを差し控えたい」の二つしかない……と正直に内幕をばらした民主党の法務大臣（柳田稔氏）がいたじゃないですか（笑）。
　本来は、三権分立だから、マスコミは裁判の話は裁判所に聞きに行かなきゃいけないけど、裁判所は取材に応じてくれないから、法務大臣のところに聞きに行く。でも、裁判所と法務省はまったく別です。裁判所が決めて、法務省は裁判所の結論通りに執行する組織。法務省は判断する立場にないんです。

門田　私は、法務省が執行するだけの機関なら、なぜ、これほど執行されない死刑囚がいるのか、と思いますよ。法務省は、そんなものに甘んじているわけではなく、自分自身でも調査し、執行が妥当なものに対してだけ、執行を命じています。建前と実質とは違いますからね。

麻原・オウムにおもねったテレビの「罪と罰」を検証せよ

髙橋　本当に法務省で判断したら、裁判所の判決は不要になってしまう。そこまで法務省は責任を持てないはずです。法執行がないのはときどき自分をわきまえないでごねる政治家大臣がくるからでしょう。その意味で今回の上川大臣は立派だった。法執行しないと遺族などの関係者から、職務怠慢・法違反で訴えられたらおそらく法務省は負けますよ。こうした話は左派マスコミは決してやりませんけどね。

裁判所・法務省以上に、オウム事件に関しては、私はマスコミの責任も大きいと思いますよ。私の記憶では、当時、マスコミはオウムのことをものすごく持ち上げていた。バラエティ番組に出ているのを見ましたから。一番ビックリしたのは、オウムの人生相談。あんなこと、テレビでやっていいのかと思った。

門田　テレビでオウムが人生相談をやっていたんですか？

髙橋　やっていた。なんでこんなことを堂々と放送するんだろうと奇異に思ったから、よく覚えている。

門田　麻原が出てきたんですか。残念ながら、その番組は見逃していました。

髙橋　ネット（YouTube）でも見られますよ。日本テレビ『とんねるずの生でダラダラいかせて!!』内のコーナーで「麻原彰晃の青春人生相談」というのをやっていた。

スタジオ内にいる若者が「好きな女優の人は誰ですか？」と質問。それに対し麻原尊師は「今はいません」と回答。そして石橋貴明の「て、ことは前はいたわけですか？

誰ですか？」という質問に「わたし秋吉久美子が好きだったんです」と答える麻原。すると、若者たちから「ワー！」といった歓声が上がる。

また、女性の「髪の毛洗うときはリンスしますか？」との質問に麻原は「髪の毛にリンスはしません。シャンプーはベビーシャンプーを使ってます」と回答したりする。そんな他愛もないやりとりが続くのですが、「知らぬが仏」とはいえ、そんなヨイショ番組をやっていた。そういうことも遠因で、警察も手をつけにくかったわけでしょう。

門田　（スマホでその番組をチェックする）――いやぁ、これは知らなかったですねぇ。歳はいくつかと聞かれて三十六歳と答えているから、放送されたのは一九九一年頃ですかね。一連の犯行が発覚する前とはいえ、この時すでに、坂本弁護士一家殺害事件を起こしていて、それなりに疑惑の目で見られていたというのに……。

髙橋　私は理系人間だから、麻原の「空中浮遊」なんて絶対にないってすぐにわかる。写真だけ撮れれば空中浮遊したように見せられるけど、あり得ない。すぐに虚偽だと思った。

普通は虚偽だとわかるはずなのに、マスコミは平気でそういうことをバラエティ番組で超能力かのように面白おかしく流す。それを見て、麻原＆オウムはすごいと思って、信者になった若者だっていたでしょう。どうかしていますよ。そうやってオウムを持ち上げていた「罪と罰」は今からでも検証しなくちゃいけない。

さすがに、そのあと、逃れない証拠が地下鉄サリン事件などで出てきて、途中から追及モードに変わったけど、テレビ局は、サリン事件後にも上祐史浩《じょうゆうふみひろ》という人をものすごく出していたでしょう。

門田　出ていましたね。

髙橋　あれもちょっと信じられなかった。刑事（殺人）事件で死傷者まで出ているのに、それに関連のある組織の人を、あそこまで取り上げ、その言い分を垂れ流すのはどうかと思いますよ。

だから、どう見ても、マスコミ総体としてみると、オウムをかなり持ち上げていました。ああやってマスコミがみんなで持ち上げると、警察の肩を持つわけではないですけど、警察もやりにくかった面があると思いますよ。

その中でも、明らかに問題があったのは、前述したようにTBS。TBSはオウム、麻原に取材をしたところ、どんな内容になるんだと詰問され、坂本弁護士に取材したビデオテープを向こうに見せたわけでしょう。当然、その批判的内容を見て、オウムは怒り狂いますよ。これは誹謗中傷だと批判し、結局、TBS側は放送を中止してしまった。その後、坂本弁護士一家が「失踪」。当然、オウムが疑われたわけだけど、TBSはテープを見せた件を隠し続けた。そのために警察の捜査は難航しましたよね。TBSはそんな事実はないと当初否定していたけど、サリンテロ実行犯がTBSで坂本インタビューを見て、それが殺害のきっかけになったと供述し、もう嘘は言えないということでやっと磯崎洋三社長（当時）が否定していた前言を撤回する記者会見を行なった。その日の夜（一九九六年三月二十五日）、筑紫哲也氏が「ニュース23」で、重々しい顔をして「TBSは今日、死んだに等しいと思います」と語った。でも、まったくの茶番劇でしたね。

門田　ただ「死んだふり」をしてみせただけでしたね。筑紫哲也氏もキャスターを降りることもありませんでした。そして、今も相変わらず、「サンデーモーニング」や、「報道特集」などは、一方的な報道を繰り返していますね。

髙橋　TBSが坂本一家事件の起こる前に、オウム側にビデオを見せて、それがきっかけでオウムが逆上して殺されてしまったことは、みんなが知っていると思っていたんだけど、けっこう知らない人が多い。若い人は知らないし、当時を知っている人も、忘れちゃっている。

門田　それが、直接的な事件の原因、犯行理由でしたからね。
高橋　そうですよ。こっちが原因ですよ。警察は見過ごしたとか、怠慢だったという話で、警察が事件の引き金を引いたわけじゃないからね。ビデオを見せたＴＢＳが、この殺人事件に関しては一番責任が重いと思いますよ。
門田　警察の怠慢と、危機感が欠如したノーテンキなマスコミとの合わせ技で、こんな大事件が発生したわけです。多くの犠牲者が出たことを思うと、なんとも無念です。さらには、検察、裁判所、法務省が曝け出した「刑事訴訟法」の本質を見失った呆れ果てたやり方。もう、言葉もありません。
高橋　マスコミというのは、こういうことをまったく検証しない。自分たちのやったマイナス行為には目をつぶっている。オウム事件のときのマスコミがどうだったかという検証はきちんとやるべきですよ。

テロリストに狙われる新幹線

門田　それにしても、日本はテロについての意識が低いですよね。新幹線ひとつ取ってみてもテロ対策はゼロに近い。乗る人もセキュリティには気をつけないといけない。この前、新幹線車内で焼身自殺した男のために巻き添えを食った人もいたし、車内でナタを振り回し乗客を殺傷した事件もありましたからね。

髙橋　私は、新幹線でよく大阪に行くんだけど、新幹線は車内の検札がなくなったでしょう。しかも、乗るときにはセキュリティチェックがなくて乗れる。ユーロスターや飛行機みたいに、全員並ばせてセキュリティチェックするのは、あれだけ頻繁に走っている新幹線で無理だけれども、車内検札はランダムにはやったほうがいいんじゃないかと思う。

門田　ユーロスターでも、車内検札をやっていますね。

髙橋　やってます。どこの国でもみんなやっている。何でも持ち込み自由で大勢が乗るから、少なくとも車内検札をやる。これからオリンピックがあるから、鉄道警察の人でも私服でもいいですけど、車内を行き来して、挙動不審の怪しい奴がいないか網棚に不審物がないかとか、ときどき切符もチェックをするくらいのことは、やったほうがいいですよ。

門田　新横浜駅から名古屋駅の間って「のぞみ」だと停まらないから、かなり乗車時間が長い。しかも、ものすごいスピードを出しているし、テロリストが狙うとしたら、この区間が一番危ない。
台湾北東部・宜蘭《ぎらん》県で、十月二十一日に起きた特急列車の脱線事故で二百人以上の死傷者が出ました。あれは事故のようですが、「のぞみ」が二百キロを超えるスピードで走行中に、テロであんな脱線事故を起こしたら、死傷者は千人を超えますよ。対抗車両も巻き添えを喰ったら数千人になりかねない。
髙橋 確かに、新横浜から名古屋の間は長いから、気を付けないといけない。東京駅か品川駅で乗って、時限爆弾を網棚に置いて新横浜駅で降りればいいんだから。
門田 飛行機と違って、新幹線は途中で降りることができますからね。自爆テロをしなくてもいいわけです。東京オリンピックがあるから、今までのように「性善説」でやっていてはダメです。最悪のことを考えた危機管理的な対応をしていかなくてはいけない。まずは、JR東海、JR東日本など鉄道会社の対テロ意識を改革すべきですね。
髙橋 オウム事件があったときに、先述したように、私はたまたまスペインにいたんだけど、向こうのテレビでもガンガンやっていた。テレビを見て「え？　こんなことが日本であったの？」と驚いた。霞が関に通勤していて、毎日見ている光景の中で起こったことだからびっくりしましたよ。
　スペインの人たちは、もちろん「テロ」という認識で、テレビでも「テロ・ガスアタック」と言っていた。外国の人から見ると、ある意味で日本はテロの先進国なんですよ。

門田　かつて連続企業爆破事件もありましたからね。

「国民の命を守ること」がなぜ戦前の「暗黒時代の復活」なのか

髙橋　三菱重工ビルの爆破事件も、海外では有名でしたよ。日本赤軍がテルアビブ空港乱射襲撃（一九七二年）やダッカハイジャック事件（一九七九年）もやった。だから、昔は、日本はテロ輸出国家と言われていたこともある。その後、オウム事件までは内外ではあまりテロがなかったので「日本はきちんとテロ対策をやっている」と思われていた。だから、オウム事件が起こった時には、外国の人たちは余計に驚いた。実際には、日本がテロ対策を強化していたという傾向はないんだけどね。夜道でも女性が歩けるといった「安全神話」はまだ辛うじて残っているかもしれませんが、これからは、大規模なテロ対策はきちんとやったほうがいいと思いますよ。

門田　でも、日本ではなかなか難しい。組織犯罪処罰法の改正案ですら、「共謀罪法案」と呼ばれたくらいですからね。

世界百九十六カ国のうち、そういう組織犯罪を防止する法律がないのは十一カ国だけでした。日本以外は、フィジー、イラン、南スーダン、ソマリア、コンゴ、ツバル、ソロモン、パラオ、パプアニューギニア、ブータンだけです。

たとえば、テロを起こそうと犯人たちが共謀し、犯罪を具体的に計画しても、それが実行に移されなければ、日本では処罰できなかったわけです。これは、国際常識からすれば、信じがたいことです。だって、日本では、「犠牲者が出るまで〝野放し〟にせよ」ということですからね。

テロをはじめとする国際的な組織犯罪を防ぐために、世界は今、四苦八苦しています。テロによる犠牲者が出るのをみんなが知恵を出し合って、未然に防ごう、というのは、国際社会の一致した悲願です。

そのためにテロ情報の共有をはじめ、さまざまな国家間の連携がおこなわれています。しかし、そういう国際協力の輪の中に入るためには、国際組織犯罪防止条約（ＴＯＣ条約）に加入しなければなりません。その加入の前提条件として、重大な犯罪の合意、または組織的な犯罪集団の活動への参加を「犯罪とする」法整備が必要なんです。

しかし、リベラルを自称する政治勢力とマスコミは、これが、「第二の治安維持法」だなどと反対して、これをさせなかったわけです。国民の命を救うための法案が、彼らにとっては国民を「弾圧するもの」にしか映らない。彼らのおかげで日本は、ほかの発展途上国たち十カ国と共に、ＴＯＣ条約に背を向けてきたわけです。彼らには、国民の命より大事なものがあるようですから、「それは何なんですか？」と聞きたいですよね。

私は、彼らが戦後七十有余年の日本の平和の歩みを否定していることが許せないんです。思想警察である特高が存在した時代をそのまま持って来て、「あの暗黒の時代が復活する」というわけですが、私は、「何を言っているんだ。みんなが努力して今の日本をつくり上げてきた。その〝平和への道〟を否定するのか」と思いますよ。

法案に反対したのは「いつもの人たち」で、彼らは、戦前の日本に回帰するというんだけど、どうして戦前の日本になるんですか？　思想警察が今も日本にあるんですか？　いったい誰が戦前の日本にしたいんですか？　実際に法律は施行されましたが、日本は暗黒時代になりましたか？　特定秘密保護法の時もそうだったけど、法律が施行されて暗黒時代になりましたか？　私の答えは、「もう、いい加減にしろ」ということです。

髙橋　そもそも、「共謀罪」というのは、英語で言うと「コンスピラシー」。これって、どこの国にもある概念なんですよ。日本でこの概念を使わないほうがおかしい。堂々と「共謀罪」と言えばいいんです。どこの国にもある普通の概念を「軍国主義復活論」と結びつけるほうが、どうかしている。

「共謀罪」という正しい名前を使わないと、日本の警察当局が緩くなって、きちんと法を執行できない可能性がある。本来の目的を達成できないかもしれないんです。

門田　国民の生命を守るために必要な法律を「戦前への回帰」であるとか、「軍国主義の復活」だ、としか批判できず、同調するマスコミがそれを囃《はや》し立てる。そして、そのことを指摘すると「右翼だ」と非難されるわけです。外国の人から見れば、世にも不思議な国ですよね、日本は。

髙橋　右翼じゃないですよ。共謀罪が右翼なら、世界中全部右翼（笑）。だから、共謀罪がない国をスタンダードと理解するのはおかしい。さっき、門田さんが挙げた国は、はっきり言えば「普通の国」じゃない。まったく犯罪がないような小さなパラダイス的な島国か、犯罪者を戒律などですぐに死刑にするとか、そういった極端な国じゃないと、共謀罪の阻止なしに社会の安定は成り立たない。

日本の左翼の人って、国際的な普通の概念で語ることができない。右翼の人が国際的だとは思わないけど、左翼の人のほうがはるかにひどい。

政府もおかしいんですよ。「これは共謀罪じゃない」と、わけのわからないことを言っていた。「戦前のような共謀罪じゃない」という意味らしいけど、英語に訳したら「コンスピラシー」。それ以外に訳しようがない。左翼人や左翼メディアを気にして、ごまかすようなことをするから、バカバカしい議論になっちゃう。

門田　日本は、特殊なジャーナリズムが根強く生き残っていますからね。

髙橋　そういう面々は「われわれは、ジャーナリズム」「われわれはジャーナリストなり」って言わないほうがいいと思いますよ。「正義」を述べたがる（はっきりいえば教訓を垂れる）ジャーナリストなどの人は自分たちは特別の職業と勘違いすることがよくある。「自分たちの信じるモノのためなら、多少の虚偽を加えてもいいと考えて、流す情報を適宜加工して伝える」ことにしているのなら、「活動家」「運動家」「アクティビスト」と名乗ったほうが正しい。ジャーナリストっていうのは、「ファクトをおさえてきちんと書く人」のことだから。言葉の定義はちゃんとやってほしい（笑）。

第四章

憲法改正で日本の独立と安全はどうなるのか

集団的自衛権をフルに持てば中国と戦争は不可避

高橋　前章で論じた「高プロ」、「共謀罪」問題は無論のこと、「集団的自衛権」の話もそうだけど、他国が関係してくる国際的なことは、海外の基準はどうなっているかを見ないといけない。

「集団的自衛権」というのは世界中どの国にもある概念。なぜ集団的自衛権があるかというと、そのほうが戦争を起こす確率が減るとわかっているからです。戦争を減らすための概念なのに、日本の左翼の人は集団的自衛権があると戦争につながると言う。他の国の人からしたら、わけがわからないと思いますよ。

門田　そこのところは、髙橋さんとちょっと見解が異なるかもしれません。というのも、憲法九条に関して、第一項はそのままでいいとして、第二項からは全面的に改正すべしというものは、「石破茂案」でもあるんですが、これは、国際社会の平和と安定のために陸海空たる自衛隊を保有する、というものです。つまり、集団的自衛権をフルに使えるようにすることです。私は、そのことに以前から反対でした。

それは、日本が実際の意味での「集団的自衛権」を行使できることになれば、「中国との戦争」が必然になるからです。憲法九条を二項から全面的に改正して、完全なる集団的自衛権を行使できるようになったら、日本は、南シナ海で遠くない将来に勃発するであろう「紛争」に参戦せざるを得なくなり、あの〝核大国〟中国と戦争をする可能性が出てきます。

というのも、中国は、あの〝赤い舌〟と呼ばれる九段線によって、南シナ海で他国の領土に軍事基地をガンガンつくりました。スカボロー礁に至っては、フィリピンのEEZ（排他的経済水域）内にあります。これは、フィリピンが我慢しているから戦闘状態に発展していないだけで、いつ、アメリカとフィリピンの合同軍が、でき上がった中国の基地を攻撃してもおかしくありません。

では、そうなった時、憲法改正後の集団的自衛権を有する日本は、米比軍とともに、中国と戦争をするんでしょうか。あの核大国と戦争をする覚悟はあるのでしょうか。

私は、日本が、真の意味の集団的自衛権を保有すべきか否かは、国民の判断が分かれると思っています。

二〇一五年九月、安全保障関連法が成立した時、「日本は集団的自衛権を獲得した」と、マスコミは大批判を展開しました。しかし、これは極めて個別的自衛権に近いものであり、一般的な集団的自衛権とは異なったものでした。

安全保障関連法成立で定められた「武力行使新3要件」とは、以下のものです。

（1）我が国と密接な関係にある他国に対する武力攻撃が発生し、これにより我が国の存立が脅かされ、国民の生命、自由及び幸福追求の権利が根底から覆される明白な危険（注・存立危機事態）があること。

（2）これを排除し、我が国の存立を全うし、国民を守るために他に適当な手段がないこと。

（3）必要最小限度の実力行使にとどまるべきこと。

安全保障関連法で新たに生み出された「存立危機事態」と、この武力行使の「新3要件」を見れば、NATO（北大西洋条約機構）などが持っている集団的自衛権とは「根本的に異なる」ことがわかります。極めて「個別的自衛権に近い」ものに限定された集団的自衛権が行使できるようになっただけです。

しかし、尖閣諸島を守るために遊弋《ゆうよく》していた米艦が東シナ海で他国に攻撃された場合、これまでなら、日本は何もできなかったわけです。だが、肝心の日本が知らぬ顔を決め込むことが果たしてできるでしょうか。そんなことをしたら、アメリカとの同盟はたちまち終わりですよ。

それを回避するために、つまり、安全保障の隙間《すきま》を埋めるために安全保障関連法ができた。すなわち、個別的自衛権に極めて近いかたちでの限定的な集団的自衛権が行使できるようになったわけです。

しかし、もし、憲法が改正され、実際の意味での「集団的自衛権を獲得」すれば、アメリカは、東アジアの安定のために日本の戦力を重視しているわけだから、ＮＡＴＯと同じような集団的自衛権の行使を求めてきます。

さきほど言ったようなスカボロー礁や、ベトナム・マレーシア・フィリピンが領有を主張するスプラトリー諸島で紛争が生じたら、日本はどうするんでしょうか。国際秩序を守るために中国と対峙し、堂々と米軍と共にフィリピンやベトナムを助ける――ということになるでしょう。それが、中国との「戦争勃発」ということです。

仮に、「それはいやだ」となれば、日本は、フィリピンや台湾、ベトナムを見捨てるのかということにもなる。それは、国際的にも、そして、国内的にも大きな議論となるでしょう。焦土の中から戦後日本がスタートした歴史を考えれば、国民は、憲法九条が変わるとしても、「集団的自衛権」をフルに獲得しないかたちでの改正を選択するのではないかと私は想像しているんです。だから、今の九条の次の一、二項は維持する。

「日本国民は、正義と秩序を基調とする国際平和を誠実に希求し、国権の発動たる戦争と、武力による威嚇又は武力の行使は、国際紛争を解決する手段としては、永久にこれを放棄する」

「前項の目的を達するため、陸海空軍その他の戦力は、これを保持しない。国の交戦権は、これを認めない」

しかし、この憲法九条の一、二項を、文字通りに解釈すると、日本国民は自分たちの命を守る、つまり「自衛する」ことも許されず、いずれかの国が攻めてきた場合、抵抗もできないまま殺されるしかないのか、ということになります。

もっとも、そんな国家があるはずもないし、解釈も許されるはずがない。さらに言えば、これでは自衛隊も「違憲」の存在でしかなくなる。そこで、ちゃんとした軍隊を持つ、でも、それは、自国を守るための戦争以外は絶対に使わないようにする――そういった条項を九条に書き加え、自衛隊を完全に「合憲」とするようにすればいい。そのための九条「三項」は以下のようなものを「加憲」するのが適当だと考えているんです。

「ただし、日本国民の生命・財産および国土を守るために、自衛力の保有は妨げられない。自衛隊によって、わが国に対するいかなる国の侵略も干渉も許さず、日本は永遠に独立を保持することを宣言する」

前記一、二項にこの三項を続けて読んでいただきたければ、一、二項で、「侵略戦争」と「集団的自衛権」を否定し、三項で、国民の生命・財産および国土を守るために日本が「自衛権」と「自衛隊」を有していることを明記し、さらには、日本へのいかなる国の「侵略」も「干渉」も許さず、日本が永遠に独立を保持することを宣言することになる。

実質的な「集団的自衛権」を否定したままであることに、反対の人は多いと思いますが、しかし、私は、少なくとも、石破氏の言う「二項」を削除した上での改正案が、国民投票で「五〇パーセント以上」の支持を得られるとは、とても考えられないんです。この私案は、安倍首相が唱える改憲案にも近いのではないか、と思いますが……。

髙橋　門田さんにしては、意外な、弱気な改憲案ですね。

門田　近年、そういう改憲案を講演で述べたりすると、「門田隆将がこんな弱腰の意見だったとは思わなかった」って批判されますよ（苦笑）。

一番「凶暴な国家」アメリカと「共謀する」のがお得

門田　それでも、私は、本来的な意味での集団的自衛権を持つべきではないという考え方です。それを持つと核大国の中国とぶつかることになる、という現実的発想です。もし、中国と正面からぶつかる覚悟があるなら、そういう人は、それを主張をすればいいのだと思います。しかし、五〇％以上の支持は、とても無理ですよ。

繰り返しますが、憲法九条二項を削除して国際平和のために集団的自衛権を発動できるようにするというのが石破案。中国と戦争することを覚悟しなければいけない案ですね。

安倍さんの改憲論は、陸海空の戦力は持たないという、九条二項を維持しながら、自衛行為についてはそれに含まれないという考え方。三項を加えて、前の二つの理屈をひっくり返すやり方です。明らかに、一般的な意味での集団的自衛権を持たないという宣言ですから、そこが重要なんです。

髙橋　いや、私は憲法の条文には、あまりこだわらなくていいと思っています。誤解を招かないように事細かく書き込まなくてはいけない刑法や商法や民法などと違って、憲法みたいな短い条文は、国の大きな方向だけ書けばいいでしょう。どう書いても、どうとでも解釈できる。まあ、憲法は、上位法でだいたいプログラム規定なので、大雑把な方針だけかいて、実際のところは、下位の実定法で決めるのです。今の憲法議論を聞いていると、普通の法律のように細かい議論ばかりでびっくりしています。

そこで、現実の「集団的自衛権」で重要なのは、どこの国と組むかです。組む相手を間違えなければ、集団的自衛権というのは戦争の確率を減らすことになる。たとえば中国の脅威に関しては、日本がアメリカと組めば中国は簡単に手出しができない。アメリカと組むと、日本が戦争でやられる確率が一番減るし、ちょっかいを出される確率も減る。そういう考え方をするのが今の世界の軍事論の定番です。

集団的自衛権があると、一番凶暴な国と組む（共謀する）こともできる。どこが一番凶暴な国かというと、やっぱりアメリカでしょう（笑）。アメリカと敵対すると非常に危ないことになるから、だったらアメリカと手を結ぶのがベストの選択なんですよ。よく「アメリカはひどい国だ」と言う人がいるけど、だからこそ、ひどいアメリカと組むんですよ。一番ひどい国と組んだら、一番侵略される可能性が少なくなるというのが、集団的自衛権の考え方です。

アメリカと組んだらアメリカの戦争に巻き込まれるかもしれないけど、アメリカと敵対したらもっとひどいことになる。そういう損得のはっきりした話です。

集団的自衛権は、どこと組んで戦争の確率を減らすかというもの。北朝鮮がトランプの威嚇の前に降りてきたのも、日本や韓国がアメリカと組んでいる以上、アメリカとまともに敵対したくなかったからです。

戦争については過去に膨大なデータがあるから、戦争勃発確率というのは、データで出せるんです。集団的自衛権を持つことで戦争確率が減ることはデータが出ている。マスコミの人は、そういう知識がまったくないからね。

もし、完全なる集団的自衛権がない場合は、自国だけで単独の防衛力をものすごく強化しなければならない。コストパフォーマンスがものすごく悪いというのが、各国の考え方です。日本もそういう風に判断すればいいだけの話です。門田さんはそのあたり、ちょっと誤解していませんか？

日本は「集団的自衛権」行使への覚悟ができているのか

門田　いや、日本は戦後七十三年間、一般的な集団的自衛権を持たずに、安保条約によってアメリカと同盟してきた。個別的自衛権の中で平和を維持してきたわけです。「二項」を残し「三項」を加えるという改憲案は、その体制をそのまま続けますという宣言です。

ところが、一般的なＮＡＴＯ並みの集団的自衛権を持つと、国際社会の平和と安定のためにクリミアにも、中東にも、自衛隊が行くことになる。必ず要請されますからね。そうなると、日本が今まで中東に築いてきた信頼感もなくなる。集団的自衛権は、プラスの部分もありますが、マイナスの部分もまた、大きいわけです。

髙橋　もちろんあります。だけど、法律の立て方によって防げるんです。権利を持つことと、実際にやるかどうかは別なんだから。どこの国も権利はフルに持つわけです。英国だって、朝鮮戦争には加わったけど、ベトナム戦争には一切協力しなかった。でも、9・11以降のアフガン攻撃には参加した。このように、集団的自衛権を持っていても、実際にやるかどうかは別です。集団的自衛権をフルに持っていても、自国の直接防衛に関係ない海外派兵には、時には関与しないという選択肢も取れる。

憲法に於ける軍事的な条文に関しては、いろいろなオプションができるように、なるべく広く解釈できる余地を取っておくべきです。憲法で広い権限を持ったからといって、やらなきゃいけないということにはならない。海外から派兵を要請されたときも、ケースバイケースで決めればいい。

どうしても出て行かざるを得ないことがあるかもしれないけど、「行かないこともありますよ」といつも言っておいたほうが外交上有利なんです。

たぶん、安倍さんの憲法改正案も、集団的自衛権は制約しないというレベルで書くと思います。一、二項はそのまま残し、三項を加えても、中国を含めた他国から見ると、フルの集団的自衛権を持ったと思われる可能性も高い。そのあたりは、あやふやになるでしょうね。日本政府の建前としては、一、二項を残しても、フルだと言ってもいいんですよ。

そうすると、門田さんが言ったように、「海外から要請が来た時に出ていくんですか」という問題になる。そういうことは、実際に要請が来た時に考えればいいだけ。行く、行かないという選択肢だけじゃなくて、どういう条件なら行くとか、行かないとか、選択肢がいくつもありうる。

それぞれ国の事情がみんな違うから、海外から軍隊の派兵（派遣）要請があっても出ていくとは限らないですよ。

国連傘下の「平和維持活動」（ＰＫＯ）にしても、戦争の一歩手前のような活動だけど、これだって、参加するかしないかは、それぞれの国が自分たちの事情で決めているでしょう。建前としては、「要請があれば、どこにでも行きますよ」と言うけど、行くかどうかは、個別に検討している。フィリピン沖で米中の衝突が起こった場合にも、建前としては要請があれば行くことがありうるけど、実際に行くかどうかはわからないんですから。

門田　しかし、アメリカの軍事力に完全に自国の防衛を依存し、アメリカの核の傘の下にいる日本は、アメリカの要請を断わることなどできるはずがない。「ならば、米軍は日本から撤退するぞ」と言われれば、それで終わりだからです。そういうことが実際に起こった時にどうするかを考えておかないといけないということです。

安保法制の時にさんざん議論して、中谷元・防衛大臣が汗を拭《ふ》きながら一生懸命に答えていましたが、国民の生命、財産、幸福追求の権利を根底から覆す問題にのみ、日本は限定的な集団的自衛権を行使すべきなんです。

「二項」の縛りをなくすと、スカボロー礁まで行って、「日米比軍」対「中国人民解放軍」になる。その覚悟で憲法について考えましょうと、私はいろいろなところで言っています。その覚悟はあるんですか、と。

髙橋　現時点では、日本国民に、そんな覚悟はないと思います。そのときにならないと、覚悟ができるかどうかわからない。逆に、覚悟を決めていても、そのときになったら気持ちが変わるかもしれない。

どこの国の憲法もそうですけど、はっきり言えば、本当のところは憲法ってあまり関係がないんです。プログラム規定ですから。憲法よりもその下の実定法が重要で、実定法の書き方次第。憲法は実定法を否定しないレベルであればいい。石破案も安倍案も門田案も、私はそれほど変わらないと思っています。二項を残して書き換えるのも、二項をなくすのも、国際的に見たら、「ちょっと直しました」というレベルです。そもそも、今の憲法も英訳すると、不戦条約に由来する言葉ばかりなので、イタリアやフィリピンなどと似ているところがあるので、日本語で個別条文をどうこういってもあまり有益ではないでしょう。

理想としては、すべての場合について検討されていて憲法の縛りがあればいいでしょうが、世界中の国のどこを見てもそんなのないですよ。戦争権限を議会にも持たせても所詮人間のやること。

集団的自衛権は、そうした究極の状況でも役に立ちます。多国間で議論して巻き込まれるのがイヤな国は必死で抵抗するから、無駄な戦争がなくなるというわけです。それでもゼロにはならないですが、少なくとも戦争確率は減る。

護憲派のかたはお花畑議論で、戦争ゼロでないとダメというが、リアルな議論は戦争確率を減らせればいい。

国内だけのお花畑議論より、国際標準で議論した方が結果として戦争確率を減らせますよ。

門田　昔は、憲法改正はタブー中のタブーでしたよね。政権をとるまでは中曽根さんが熱心に改憲論をぶっていたけど、政権をとると言わなくなりました。それから三十年以上経って、ようやく国民の意識が憲法改正を具体的に考えるところまで来たわけです。

これまでは観念的に憲法改正論を考える人はいたけど、観念的でなくなって現実的に考える人たちが増えてきた。長い時間が経って、改憲を論じることが少なくともタブーじゃなくなってきたというのが、今の状況です。

これからは、私は、観念論でなくて具体論で憲法改正を議論すべきだと思っています。自衛隊が後方支援ではなく、戦闘のために中東に行くのかどうか、フィリピン沖に行くのかどうか、具体的に日本の国家のあり方を考えないといけない。

戦後日本は第二次大戦の敗戦という焦土の中からスタートしているのは事実です。その日本に対して、敵意を剝《む》き出しにしている核大国をすぐ近くに抱えているのも事実です。そういった地政学的な問題も踏まえて、現実論によって憲法改正の議論を深めていかないといけないわけです。髙橋さんも、テレビで、消費税問題以上に声高に言っていただきたいですね。

髙橋　私なんかが言ってもそんなに深まらないと思うけど（笑）。憲法改正に関しては、安倍さんは一番レベルの低い案を出した。自衛隊を合憲にするというレベルにとどまっている。相変わらず九条改正→軍国主義復活と思い込んでいる人がいるから、自衛隊合憲を明確にする――というところに絞ったんだと思います。それくらいだったら、国民も議論できますから。これが、憲法改正で一番やりやすい案です。右の人たちからは批判されるかもしれないけど、そこは、公明党のことも考えて割り切ったんだと思います。

門田　普通の人だったら、この案はもう反対しようがないですよね。

髙橋　反対しようがないレベルにすると決断をしたんだと思います。安保法制のときに、「こういうケースはどうする」というシミュレーションの議論をやろうとしたけど、まったく議論にならなかった。具体的な話を出しても議論にならないから、政治的な結論として、一番反対論が出にくいハードルの低い憲法改正案が出てきたと私は見ています。「何も変わらないじゃないか」という批判が出るほどの案だけど、何もしないよりはいいだろうと。少なくとも自衛隊違憲論を唱える憲法学者が失業するんだから（笑）。

この案で憲法改正した場合に、国際紛争のときに日本はどういう立場になるのか。おそらく、これまでと何も変わらない。国際紛争のときにどうするかは、まだまだ先の議論です。

今のPKO議論は第二世代の概念止まり

髙橋　私は、プリンストン大学にいたときに国際関係を専門に研究していたんですけど、日本ではPKOの議論が二十年以上遅れていると思った。小泉純一郎政権のときのPKOの議論ですら、その当時、十年遅れていた。

門田　小泉さんは、イラク戦争のあと、「自衛隊が行ったところが安全なんだ」と言いましたね。

髙橋　安全でないところに軍隊が行って制圧するのが、そもそもPKOの概念です。そういうまともな議論すらできなかった。安全なところにしか行ってはいけないと言うんだったら「PKOに行くな」としか言いようがない。

南スーダンのPKOの日報問題がありましたけど、日報を真面目に記録したら、「戦闘があった」と書くに決まっている。当たり前ですよ。PKOは軍隊からも死者も出ているような危険な活動です。平和維持活動と訳されているから、平和なところに行くように思われているけど、全然違う。

門田　マスコミが騒ぎ立てるから、そういう観念的な議論しかできないようになってしまった。それも軍事問題をタブー視してきたマスコミの問題じゃないですか。

髙橋　マスコミはレベルが低いからね。国際政治をやっている人間だったら、ＰＫＯが二十年くらい前に変質していることをみんな知っていますよ。

ＰＫＯは、コンピューターの世界でいえば、今は第五世代くらいだけど、日本はまだ第二世代くらいの概念で議論をしている。だから、自衛隊の日報が問題になったりする。実際には戦闘行為がある場所だから、その事実を日報に書くしかないでしょう。

それを朝日など一部のマスコミは「けしからん」と言う。一九九〇年ごろからだいぶ経ったけど、まだこんな議論をしている。

門田　カンボジアに派遣してから、三十年経って、やっとこのレベルです。

髙橋　そんなレベルだから、安倍さんもまともな憲法改正案は無理だと判断して、自衛隊を合憲にすることに専念した改正案にしたんだと思いますよ。

「自衛隊は合憲」と試験で書けない

髙橋　私が大学生の時に、法律の教授たちはみんな「自衛隊は違憲です」と言っていました。そんなの嘘だろうと思いつつも、試験に受からないと困るから、試験では自衛隊は違憲と書いた。まわりの学生たちも、みんなおかしいと言っていましたよ。

だけど、日本の憲法学者の八割は自衛隊違憲だと平気で言っている。こんなのは学会の中だけで通用する話で、世間で言ったら笑われるレベル。学生たちはそんなことはみんなおかしいと思っていたけど、大学の中では言えなかった。

安倍さんの憲法改正案は、誰もが自衛隊は合憲だと言えるようにしたということ。自衛隊はもともと合憲なんだから、本当は恥ずかしいようなレベルの憲法改正案なんですよ。

門田　今、憲法学者にアンケートをとると、「自衛隊違憲」は六割台だそうですよ。

髙橋　まだ多数派。

門田　そう、多数派です。

髙橋　まともに考えたら、「自衛隊違憲」と書いたら、試験に落ちますよ。落第点になるはずなんだけど、大学（法学部）と憲法学会の中だけは違う。「自衛隊違憲」と書かないと、試験に落ちる。

私の認識では、「自衛隊違憲」と書く人が五％くらいにまで下がらないと、まともな議論はできないと思う。どんな世の中にも、五％くらいは違う意見の人がいるから、五％くらいはしょうがない。

「自衛隊合憲」と書く人が九〇％、「自衛隊違憲」と書く人が五％、「わからない」と書く人が五％くらいになったら、普通の議論ができる。

門田　人間にとって、一番大切なものは、「命」じゃないですか。その命を守るために憲法はある。ところが、左の人たちは、憲法は「権力を監視」するために存在するんだという。

恐ろしい勘違いというしかない。国民の幸せのため、国民の命を守るために憲法はあるんです。そのひとつとして権力の監視があるわけです。そういう根本を日本人は戦後七十年以上、忘れてきた。読売や産経が具体的な改憲案を提示しても、マスコミの多数派はドリーマーだから、抑えつけられてしまったのです。

高橋　朝日新聞がまだ何百万部も売れていますからね。

門田　「モリ・カケ」問題も、それが元にあるわけでしょう。憲法改正を阻止するために、つまり、憲法改正の議論にすら入らせないために、「モリ・カケ」を持ち出してきた。

高橋　安倍さんはそこをわかっていると思いますよ。今回の改正案は安倍さんにとって不満の案だと思います。恥ずかしいと思っているはずです。恥ずかしい案だけど、国民がついてこなければ何も進まない。自衛隊合憲で憲法改正をすれば、一歩とは言えないけど、半歩くらいは進む。あとは次の世代に委ねるという、牛歩の案です。

“情報ビッグバン”になっても“ドリーマー”はなぜ消えないのか

高橋　自衛隊というのは、英語で言えば「セルフ・ディフェンス・フォース」。「セルフ・ディフェンス」というのは、海外にもある概念だから、「セルフ・ディフェンス」がどういう概念かを考えてみるとわかりやすいと思います。「セルフ・ディフェンス」の権利というのは個人にもあって、個人の場合は「正当防衛」。誰かから危害を加えられたときに、自分を守るためにやむを得ず相手を殴ったとしたら正当防衛です。

自分の家族が危害を加えられていたり、仲間が危害を加えられているときに、家族や仲間を守るためにやむを得ず相手を殴ったとしたら、これも「正当防衛」です。そして、自分が襲われたわけでないけど、仲間が襲われた時に、彼らを守るために正当防衛をするのが、国で言えば「集団的自衛権」です。

「正当防衛」と「集団的自衛権」は、法概念としては同じなんです。日本ではこのことがまったく理解されていないから驚きますよ。

家族が危険な状態に陥ったときに、相手を殴っても刑法上の罪にならないし、民法でも損害賠償の責を負わない。刑法、民法で「正当防衛」が認められているのに、国家間の話になると、違う概念を持ちだしてくる。世界の中では、違う概念で議論されることはないですよ。

門田　ドリーマー、特に左の人たちは、世界の常識や、誰が考えても当たり前のことを受け入れていない。これはなぜだと思いますか。

髙橋　マスコミと大学に原因があると思います。マスコミがひどいし、大学というか教育機関が世界の常識と違うことを教えているから、どうしようもない。

門田　私も講演ではよく言わせてもらいますが、日本で一番遅れていて、かつ偏向しているのは、マスコミとアカデミズムの世界です。それが、日本を不幸にしている、と。

髙橋　両方とも、本当にひどい。

門田　マスコミとアカデミズムは影響力が大きいですけど、インターネットが発達してきたから、今まではまったくのタブーで発することもできなかったことがオモテに出るようになってきました。

ネットで発信してみると、「自分と同じ考えの人間がいっぱいいる」ということがわかって、それがだんだん浸透してきたんです。国民ひとりひとり情報発信できるツールを持ち、やがて、その威力がマスコミを凌駕《りょうが》しつつある時代です。髙橋さんや私が、ブログやメールマガジンなどで情報発信し、そういうものが影響を持つようになっているわけです。私は、この現象を〝情報ビッグバン〟と呼んでいますが、ドリーマー対リアリストの戦いで言うと、何度も言っているように、今は、リアリストのほうがどんどん大きくなってきていますね。

髙橋　全体的に見れば、少しずつ変わってきていると思いますけど、マジョリティになるには、まだまだ時間がかかる。

門田さんがおっしゃったように、憲法学者に「自衛隊は合憲ですか？」というアンケートを採ると、違憲と答える学者は六割台に下がってきたかもしれない。だけど、今、六割台ということは、次の世代に教授になる人たちは、おそらく五割以上は違憲と言うはずですよ。違憲と言わないと教授にしてもらえないから（笑）。

次の世代になっても、大学の試験では自衛隊は違憲と書かされるわけです。違憲と言う教授がマジョリティである限り、それがくり返されていく。

マスコミの人って、何かコメントを依頼する時、大学の先生に求める人が多いでしょう。大学教授の多くが「自衛隊は違憲」と言うと、鵜呑みにして記事を書く。

そうやって、持ちつ持たれつで再生産されていく。インターネットが発達してもなかなか状況は変わらない。

何でもそうだけど、調査をしてみると、極端な意見の人が一、二割はいつもいる。その人たちは持論を持っている人だから、こういう人たちにアプローチしても、変わりようがない。大事なのは、真ん中の大多数の人たち。真ん中の人の意見がどちらに行くかが重要なんです。私は、真ん中の意見を中心に見ています。

マスコミの人たちは、極端な意見や変わった意見を持っている人のほうが面白いから、そちらの人の意見ばかり報道する。左のマスコミは左の極端な意見を報道するし、右のマスコミは右の極端な意見を報道する。
一番重要なのは真ん中の人たち。この人たちは、学校の教育で「自衛隊は違憲だ」と習って、そう思い込んでいる。そういう人がマジョリティを占めている限りはなかなか変わらないと思います。

なぜ国会の参考人招致は偏ってしまうのか

門田　安保法制を国会で議論する時、出てきた参考人（憲法学者）は、自民党が選んだ人さえ左に偏っていました。ひどかったですね。

髙橋　参考人として誰を呼ぶかを私も相談を受けたことがあるけど、普通は役所に相談するから、無難な人が出てくる。たまたま聞いた人が変な人だと、そのお仲間の中からとんでもない人が出てくる。誰を呼ぶかは、相談する相手によって決まるんです。聞いた人がよくわかっていない人だと、参考人が変な人になっちゃう。

門田　それにしても、自民党の船田元《はじめ》議員が選んだ参考人……あれはひどすぎました（笑）。特定秘密保護法案に賛成した早稲田の長谷部恭男教授なら大丈夫でしょう、と言われたんですかね。自民党が推薦したのが、その長谷部氏。彼が、安保法制は違憲だと言ったから、議論がまったく違う方向にいってしまった。

憲法学者なら、駒大の西修名誉教授もいれば、中大の長尾一紘名誉教授もいるし、日大の百地章名誉教授もいる。国会でまともな現実論を話してくれる憲法学者は、いくらだっていたわけです。私は、船田議員が、わざと安倍政権の足を引っ張るために、長谷部氏を選んだのではないか、と疑ったほどでした。

髙橋　でも、数は限られているでしょう。もっと賛成する学者の数が多くないと、「恣意的に選んだ」って言われちゃうんですよ（笑）。そう言われないためには、マジョリティがあったほうがいいわけです。

だけど、自衛隊が合憲と言う先生がマジョリティを取るには、今の大学のシステムだと、あと十年、いや、二十年、三十年かかるんじゃないかという気がします。

自衛隊を違憲という学者は「憲法十三条」を読め

門田　そういう憲法学者たちには、まともな現実論がないですよね。憲法九条は見ても、憲法十三条は見ていないわけです。

さっきも言いましたが、最も大切な「国民の命」を守らない憲法があるはずがない、という常識が、そもそもないわけです。憲法十三条には、こう書かれています。

第十三条 すべて国民は、個人として尊重される。生命、自由及び幸福追求に対する国民の権利については、公共の福祉に反しない限り、立法その他の国政の上で、最大の尊重を必要とする

きちんと国民の生命、自由及び幸福追求の権利、これが最も大切であることを書いているわけです。つまり、まさに国民の生命、自由及び幸福追求の権利を守るために存在している自衛隊が「違憲」であるはずがないわけです。しかし、多くの憲法学者は、九条の文言を文字どおりにしか解釈できないから、この十三条の意味が理解できないわけです。

要は、そういうまともな意見、学説の先生が増えればいいだけのことです。しかし、新たに教授になるのは、偏った思想、一方的な解釈しかできない視野狭窄《きょうさく》の人々ばか

りです。これは、なんとかならないんでしょうか。

高橋　大学は自治の原則があるから、学長であっても自分の一存では教授の採用は決められない。私立でも、理事会や教授会を開いて投票している。投票だから、マジョリティが勝つんですよ。マジョリティ以外の人が入ろうとすると排斥される。自分たちと違うことを言う人が入ってくると困るから。

門田　じゃあ、髙橋さんは苦労しているんじゃないですか。

髙橋　そうですよ（笑）。官僚時代にも、主流と違うことを言っていた。消費増税にも反対。でもその論拠は国際標準でロジカル。数学出身なのでロジカルに正しいことは、相手が王様でも違うと言うでしょう。いつもみんなから反対されて、どこへ行っても大変（笑）。マジョリティじゃないからね。

門田　でも、孟子の「自ら反《かえり》みて縮《なお》くんば、千万人と雖も、吾往かん」（自分の心を振り返ってみたときに自分が正しければ、たとえ相手が千万人であっても私は敢然と進んでこれに当ろう）の気概を持てば、怖いものはありませんよ。

第五章 〝理系人間〟は日本を救うのか

マルクス経済学者はいかにして生き延びているのか

髙橋　経済学の世界で、日本では「マルクス経済学」とか「近代経済学」という言い方をするでしょう。でも、世界には、「近代経済学」なんていう言い方はないですよ。経済学は経済学です。

日本で「マルクス経済学」と呼ばれているものは、先進国では学問として存在すらしていない。海外では、歴史の研究者でマルクスを研究している人がいて、まぁ、歴史の一分野として扱われている程度ですよ。

でも日本では、東大にも、大内兵衛とかその弟子筋など、自称マルクス経済学者はたくさんいたから、彼らを排除・排斥するのにものすごく時間がかかった。前章で述べたように「自衛隊違憲（解体）学者」はまだ排除・排斥できていませんが、そのため、日本の経済学はかなりの間、使い物にならなかった。マルクス経済学と呼ばれているものは、数式を使った経済学ではなくて、空理空論的な理想追求主義の未来論的なお話だから（笑）。

門田　ソ連が一九九一年に崩壊した後でも、日本の大学では近経（近代経済学）よりマル経（マルクス経済学）が強かった。最近になって、やっと近経がスタンダードになってきた感がありますね。彼らは、これまで言ってきたように、観念論系のいわゆる「ドリーマー」なんです。そんなものが国際的な学問の世界で通用するはずがありませんよね。

髙橋　東大は、マルクス経済学をなくすのに四十年かかった。私は、経歴上は数学科を出た後に経済学部を卒業したことになっているけど、授業には行かなかった。行かなかったから良かったんですけどね。そのときに必修科目としてマルクス経済学を二科目取らなきゃいけなかった。

門田　選択ならまだしも、必修科目ですか。

髙橋　必修です。それを取らないと卒業できない。大蔵省に入るときに東大の経済学部をちゃんと卒業しておいてくれと言われたから、仕方がないから試験を受けた。そのときに「えっ、こんなバカげた試験があるのか」と思った。しかし、卒業するには試験に合格するしかないから、いやでも、マルクス経済学をちょこっと勉強し、ある程度、答案ではヨイショすることを書くしかない（苦笑）。

門田　マル経のどこがおかしいと思っていましたか？

高橋　根拠となる何のデータもないし、単なる主義主張のオンパレード。上部構造があって、下部構造があって、そして搾取がどうのこうの。ソ連や中共（中国）や北朝鮮の経済は発展している、それに比べて日本や韓国は停滞しているというお話。日本の経済は「二重構造」で、高度成長は続かない……。大内兵衛や、都知事になったマル系経済学者の美濃部亮吉たちが書いていた『日本経済図説』（岩波新書）は、日本の将来は暗いという視点から書かれていて、徐々に高度成長していくのに辻褄が合わなくなって、そのうち「こんなすごい成長をした例はなかった。わずかにソ連の、ある時代がこれを追い越しているだけである」なんて書くようになった。なにを言っているのか理解不能でしたよ（笑）。

労働はこういう価値があって、労働はかくあるべし。企業は収奪していると言う。バッカじゃないのと思いつつ、まあ試験のときはそれなりのことを書きますよ。東大法学部で、小林直樹教授の憲法をとれば、「自衛隊は違憲」と答案用紙に書くのと同じですよ（笑）。

普通の経済学では、労働というのは生産手段の一つです。機械を入れるのも、人を雇用するのも、生産手段としては同じで、どちらでもいいということになる。一番限界的に稼ぐほうを雇う。機械のほうが生産性が高いのなら、人ではなく機械をたくさん使う。まあ、人と機械は同じ軸では比較できない仕事をやればいいけど、単純作業のような同じ土俵なら人は機械に代替される。

こういうことをマルクス経済学の人に言うと、「とんでもない」と怒られちゃう。彼らは「企業は収奪している」というところから話が始まるから、とてもじゃないけど普通の考え方じゃない。そして、収奪している上部構造がひどいから最終的には下層階級、プロレタリアによる革命をしなきゃいけない、という結論に持ち込んでいくんですよ。

門田　日本のマル経は、今はどうなっていますか。

高橋　マル経は学問としてははっきり言って死滅しているんだけど、世渡りのうまい人は生きていけるという世界です。名前は挙げませんけど、テレビ（ＴＢＳ）に出ている有名な人（慶応大学教授）でマル経の人はいますよ。

門田　二十一世紀になっても、大学でマル経が残っているところはあるんですか。

高橋　基本的にはないと思うけど、講座名でわかる。「経済論」「財政論」と名乗る人は、マル経が多いですよ。あとは「金融論」。近経の人は、「金融論」と言わないで、「ファイナンス」と言う。講座名を見るとだいたいわかりますよ。

それと、マル経の人は基本的に数式は使わないから、それですぐにわかっちゃう。歴史、経済史の分野に沈潜しているんですよ。

私が学生のころは、東大も「マルクス経済学Ⅰ」「Ⅱ」と二つあったけど、さすがに今はないと思いますよ。今の大学生に何の役にも立たない学問を必修でやらせるのは無理。犯罪的強圧になります。

門田　昔は、どこの大学でも、マル経は必修でしたよね。わが中大法学部でさえも、「マル経」が必修。フリードマンがいうところの「選択の自由」がなかった。

髙橋　そうですよ。でも、自然淘汰されていった。時間はかかりましたけどね。ドリーマーが減っていくには時間がかかるんです。

門田　時間がかかったけど、まあ一応マル系学者は、自衛隊違憲解体論学者と違って、おおむね淘汰されたというわけですね。

髙橋　まだ残っている人もいますけどね。そういう人たちって、「稀少動物」になればなるほど、サバイバル本能が働いて、大学に自分の仲間を入れようとする。

もう一つの問題は、門田さんが指摘したようにマスコミ。マスコミは極端なことを言う人は面白いから重用するでしょう。アベノミクスに反対する経済学者って、マル系か、その影響を受けているのが多い。だから、大学とマスコミが、トキじゃないけど、進歩的文化人、容共リベラル学者を死滅させないように、保護して手をかえ品をかえて、再生産しようとしている（笑）。

門田　やっぱり、問題は大学とマスコミですね。

日本の経済学者は、経済の「確率計算」すらできない

髙橋　昔は、大学教授は知的階層のあこがれだったし、岩波書店から本を出すことも、ある時期まではあこがれの対象だった。私は大学生だった時に、割り切って岩波の本にも目は通したけど、基本的には岩波の本なんて読まなかった。

私の世代で、経済学系でまともな人はみんなアメリカで勉強していますよ。日本が嫌になって、日本の大学で教育を受けなかった人は、まともです。私は経済学部の授業に出なかったから、日本の変な経済論に影響されなくて助かった。経済学を勉強したのは、大蔵省入省後とアメリカのプリンストン大学だったから。

門田　今も、基本的には、大学教育はほとんど変わっていないと思います。教授のオツ

ムが左にねじまがっているから、学生まで左にねじまがってしまう。そういう人がジャーナリズムの世界に入っていく。朝日新聞もそうだけど、テレビ局でも、観念論でものを考える人（ドリーマー）ばかりです。観念論で考えているから、具体論で問うと詰まってしまうんです。

髙橋　観念論と具体論の話で言うと、観念論の人って、数字でものを考えない。文系で数学が苦手な人には観念論の人は多いですよ。

私なんか、いつも数字を出してしゃべるでしょう。異様に数字が多いから、文系の人や観念論の人にものすごく嫌がられる。さっきの集団的自衛権の話でも、戦争確率というものを持ち出して、議論するから。

門田　軍事戦略論で、そんなことが言えるのは、日本では髙橋さんだけですよ。

髙橋　日本人では一人だけかもしれない。でも、外国には何人もいますけどね。その戦争確率の話を安倍首相が聞いて笑っていた。「数字で議論したら簡単だね」って（笑）。簡単は簡単なんですよ。だけど、日本ではこういう議論すらできない。

門田　議論しようにも、他に議論できる人がいない（笑）。

髙橋　財政破綻の話でも、観念論で「破綻する」と言う人が多いけど、私は、いつも確率で語っている。財政破綻する確率を計算して、確率で話しているんです。計算してみると、五年以内に財政破綻する確率は、一％もないんですよ。ほとんどの人は計算の仕方を知らないと思うけど、そういう確率はちゃんと数式で計算できるんです。私は数学科出身で、そういう計算は得意だから。

一％もないというのは、ほとんど起こらないということ。ところが、観念論の人は、「ゼロじゃない」と言う。

そりゃあ、世の中、どんなことでもゼロじゃないですよ（笑）。確率がゼロなんてまずないから。あるかないかといったら、あるかもしれない。ちなみに、天気予報で降水確率ゼロ％というのは、〇～五％の確率のことです。この場合、ゼロ％は、「零パーセント」といい、「ゼロパーセント」とはいいません。日本語は便利で、「零」というのはゼロを意味しませんから。

いずれにしても、確率がゼロでないと言うと、「ほら、あるじゃないか」と観念論の人は嬉しそうに言う。もう苦笑するしかないよね。

「財政破綻する」と、「財政破綻する確率が一％未満」というのは、一緒じゃないでしょう、としか言いようがない（笑）。

伝言ゲームで「ゼロじゃない」が「危険性がある」に

門田　民主党政権の時にも同じことがありました。福島の原発事故で、海水注入の問題があったでしょう。

髙橋　ありましたね。門田さんは、原発事故を取材して、『死の淵を見た男　吉田昌郎と福島第一原発』（角川文庫）という本を書いているから、あのときのことは詳しいですよね。

門田　ええ。原発事故の時に海水注入をするかどうかということになった。その時に、海水中にある不純物と中性子がぶつかったときに変な反応が起こるんじゃないか、つまり臨界になる可能性があるんじゃないかという議論になったんです。そういう反応が起こる確率はゼロじゃないわけですよ。

髙橋　ゼロじゃない。当たり前ですよ。

門田　当時、原子力安全委員会委員長の班目春樹《まだらめはるき》さんが「ゼロではありません」と言ったら、話が文系の大臣たちの間を進むうちに「可能性がある」に変わって、伝言ゲームじゃないけど、どんどんあらぬ方向に進んでいった。

髙橋　「ゼロじゃないですけど、ちなみに計算すると、〇コンマ何々くらいですよ」ということを言ってあげないと、みんなわからないんです。「ゼロじゃありませんよ」と言うと「可能性がある」に変わっちゃう。原発の話は、どんなことでも可能性はあるんですよ。

海水中の不純物の濃度は確率計算できる。たぶん、〇・〇〇何々とか、そういうレベルになるから、それを心配して海水注入をためらっていたら、もっと大変なことになる。

菅さんは、理系ということになっているけど、学生時代にまともに勉強していなかったことがバレてしまった。民主党では、あの鳩山さんも理系なので、理系話をするのがイヤですよ。

門田　まさにおっしゃるとおりで、班目さんが「ゼロじゃない」と言ったら、菅首相のところに行ったときは、「可能性がある」どころか「危険性がある」にまでなってしまったんです。国が生きるか死ぬかのときに、これでは笑い話にもなりません。

髙橋　「危険性」というのは、あくまでも確率の話なんです。原発の話をするときに、反対派の人は「今事故が起こったらどうするんだっ」と言うんですけど、「今、事故が起こったら大変です」としか言いようがない（笑）。

私は、そういう人には「今、この場であなたが死ぬ確率だってあるんですよ」と言ってあげる。なぜかというと、今、ここに隕石がドーンと落ちてきて直撃する可能性があるから。

門田　それは何パーセントくらいですか。

髙橋　〇・〇〇〇〇とか、ゼロがたくさん付いてわからないレベルです（笑）。外を歩いている時に隕石の直撃なんて誰も心配していないでしょう。

確率が五％未満の時には、人間は心配をしない傾向があるんです。ないがごとく扱う。どんな調査をしても、だいたい五％以下のものは人間は心配しない。二十回に一回くらいだったら、ないものとして扱うんです。先ほどの、降水確率ゼロ％という話です。

門田　「共謀罪」ができたら戦前の日本みたいになると言うのも、外を歩いていたら隕石に当たって死ぬかもしれないと不安に思うのも、「ドリームジャンボ宝くじ」を百枚買った程度で、三億円がもし当たったらどうしようと悩むのも、どっちも度し難い「ドリーマー」でしょうね（笑）。

髙橋　原発事故についても、財政破綻についても、確率の計算ができないから、過度な心配をすることになる。財政破綻について言えば、確率は一％もないから、普通の人は心配しないし、心配する必要もない。財政破綻を主張する財務官僚やその一派の人たちは、一％未満の確率のことでも「あるかもしれない」と言う。そりゃあ、いつかはあるかもしれないですよ。

でも、一％未満の財政破綻のことをそんなに心配するんだったら、もうちょっと確率が高いことがある。

門田　何ですか。

髙橋　南海トラフ地震。南海トラフ地震が三十年で七〇％の確率で起こることは、けっこう知られていますよね。

門田　文系人間には、感覚的には、よくわからない数字ですけどね。

髙橋　三十年で七〇％の確率と言われても感覚的によくわからないと思う。でも、三十年で七〇％ということがわかっていたら、今後五年で何％かということを数学的に計算できるんですよ。

門田　どのくらいですか。

髙橋　今後五年で、だいたい一割ぐらいです。

門田　けっこうありますね。

髙橋　一割っていうのは、けっこう高い。人間の知覚として、五％以上の確率は、心配になる人はけっこういる。五％以下なら、まず心配しないですけど、一〇％になると心配する人が出てくる。

　私も五％以下のことはまったく心配にならないけど、一〇％になると、ちょっと心配になる。一割って言うのは、野球にたとえると、投手がたまにヒットを打つことがあるけど、それがまあ一割くらいです。

門田　たまに打ちますね。

髙橋　そのくらいの確率です。投手にヒットを打たれることは、たまにあるから少し心配になるでしょう？　ツーアウトランナー二塁で、投手がバッターボックスに立てば、十回に九回は凡打だけど、まれにタイムリーヒットを打つこともある。その確率は無視できない。「五年以内に一％未満の財政破綻」を心配するんだったら、「五年以内に一〇％程度の南海トラフ地震」に備えたほうがいいですよ、といつも言っている。

「数学」なくしてロジカルな思考法は身につかない

門田　ところで、早稲田大学政治経済学部が入試で数学を必須にすることを発表しましたね。これをどう見ていますか。国立文系の試験は数学があって、昔は、慶応法学部の試験も数学があったから、国立文系と慶応法学部は受験生が重なっていた。早稲田政経学部は、数学は必修ではなく選択科目で、数学で受けるか地歴政経で受けるかという選択だった。数学で受けた人も多いけど、これからは必須になる。今回の入試改革は、数学が苦手な文系の受験生は「要らない」という宣言なんですよ。

慶応の法学部は、試験科目から数学をなくして偏差値が飛躍的に上がりました。昔は、慶応と言えば経済学部だったけど、数学があるから受けられなかった人が法学部を受けるようになって、法学部のほうが偏差値が上になった。

それを考えると、早稲田の政経は偏差値が下がる可能性がある。それでも数学を必須にするのは、どういう理由だと思いますか。

髙橋　政治経済学部のうち、政治学部は数学はあまり関係ないかもしれないけど、経済学部は数学なしでやるのは無理です。どうして今まで数学がなかったのかがむしろ不思議です。

門田 昔から、私立の経済学部は数学なしで受けられるところが多いですよね。

髙橋 それがもうおかしいんですよ。数学ができなければ、経済という学問を学ぶことは無理だと思いますよ。

日本は文系と理系に分けているでしょ。こんな国は海外ではほとんどない。日本の私立は数学がないのに、文系と理系に分けて、経済学部を文系に入れてしまっている。これはどう考えてもおかしい。

経済学部の先生が数学ができないから、できないことを教えたくない。それで、入試の科目に数学を入れることを強烈に拒んできたという歴史だと思いますよ。

門田 マル経の人は特にそうですね。

髙橋 数学ができなければ、経済は理解できない。今後は、小学校からのプログラミング教育も必須になるし、文系の人にも数学の知識は必ず必要になります。

門田 私みたいに「数ⅡB」止まりで数Ⅲをやっていない人はどうしたらいいんですか。

髙橋 数学なしで生きていけるのは、他の能力が高いからだと思いますよ。他の能力で補っている人はいい。

だけど、これからの子供たちがロジカルな思考法を身につけるためには数学は絶対に必要。たとえば、場合分けの時です。これは、考えている対象を式に書きあらわしたり、計算しようとすると、定数の範囲などの条件によって式や計算法を変えなければならないとき、条件を場合に分け、一つ一つが実際に数えたり計算できるように問題を細分する。これが場合に分けるということですが、そういう時に、過不足なく場合分けができる能力というのは、数学力とリンクしている。すべての場合を尽くしているか。重複していないか。そういうことを考えてきちんと場合分けできる能力は、数学をやっていない人はものすごく劣る。

「三つの場合があります」とよく言って説明をする人がいるけど、重複しているのに三つを言ったり、三つでは足りないのに三つしか言わないとか、場合分けがめちゃくちゃの人がいる。過不足なく場合分けする能力が足りないから、きちんと場合分けができていない。そういう人の意見は私は聞かないようにしている。

場合分けができてないのは、その人の意見は「ロジカルじゃない」ということの証明みたいなものですからね。

ただ、数学をやっているとロジカルになるのかというと、ちょっと微妙なところはある。でも、過不足なく場合分けする能力は、問題解決の時には絶対に必要な能力。それがないと、漏れが出てきて本当の問題解決にならない。

文系の人の書いたものを読んでいると、自分に都合のいいことだけを二、三個書いて、それで全部のことを言った気になっているものがある。マスコミはもっとレベルが低くて、自分たちに都合のいいことを一個だけ例として取り上げて、それを根拠に勝手な論を展開する。私は、そんなものは例にすらならないと思っているから、相手にしないですけどね。

ところが、レベルの低いマスコミの記事に流されてしまう人はけっこう多い。たぶん数学の訓練ができていないから、そういうことになるんだと思う。

門田　そうすると、早稲田の政経学部の決断は、いいほうの意味で注目すべきということですね。

髙橋　と思いますよ。

門田　今の高一の人から適用になるみたいですね。

移民問題も水道民営化も「確率」で考えよ

髙橋　少なくとも、確率については、学校教育の中できちんと教えたほうがいいと思いますよ。日本では、議論の中で確率の話はほとんど出てこない。何か一つの例だけを取り上げてしゃべる人が圧倒的に多い。典型的な一つの例で全部を説明しようとするけど、あんなのはまったくロジカルじゃないし、議論にならないですよ。

門田　移民の話でも、石原慎太郎さんは、何%くらい移民を入れると日本の文化が危なくなるのかと言っているようですね。

髙橋　そうそう、統計的に考えるものなんです。一人も移民を入れてはいけないということはなくて、いろいろな国の比率を見ながら議論していかないといけない。もちろん数字が決定的なものとは言えないけど、観念論だけで考えるよりは、数字も入れて考えたほうがいい。

門田　日本の議論では、自分に都合のいい例や、都合のいい数字だけを引っ張ってくる人が多いですけどね。

髙橋　私は水道事業の民営化について発言しているんですけど、反対派の人は、ボリビアの例で私を批判してくる。政治情勢も不安定な最貧途上国と日本を単純に比較できないでしょう。ボリビアの例なんか出されても、私はなんとも思わないですよ。ヨーロッパでは水道の民営化の歴史があって、五〜六割以上は民営化されている。ヘンテコな民営化もあるから、確かに一部では揺り戻しも起こっていて、再国有化の例もあることはある。

反対派の人は、ヨーロッパでは再国有化が二百何件あると言って批判をしてくるんだけど、それを言われても批判とは全然思わない。「二百件もある」と言われても、「何件のうちの二百件か」で違うでしょう。

日本は水道事業体が二千くらいあるんだけど、先進国は人口比で見るとだいたい同じくらいの割合です。ヨーロッパ（EU）は日本の人口の四倍くらいだから、水道事業体は八千くらい。そのうちの二百件が再国有化されているということは、二・五％。民営化率六〇％が五八％になるというようなことだから、別に大した変化じゃない。「二百件もある」と言って批判する人とは、思考方法が違うとしか言いようがない。

もし、民営化されている水道事業体が四百件で、そのうち二百件が再国有化されたというんだったら、それは五割になるから大きいと思いますよ。だけど、八千件のうちの二百件なら、取るに足らない数字です。

マスコミの人には数学的な思考ができない人が非常に多いから、分母は無視するとか、比率は考えないとか、そういう思考しかできない。全体が何件で、そのうちの何件かを言ってもらわないと、批判にも値しないですよ。

門田　髙橋さんに、数字で批判しようとしても、返り討ちに遭うだけ（笑）。

髙橋　「髙橋は数字を都合よく使っている」と批判されることもあるんだけど、だったら、どこをどう都合よく使っているのか指摘してもらわないといけないけど、そんな具体的な反論はでてこない。

文系の人って、それを指摘できないんです。観念論的に「数字を都合よく使っている」と言っている。私が数字を使って騙していると批判されても、こちらは騙すつもりなんてないんだけど（笑）、どうやって騙しているのかを言ってもらいたいですよ。それを指摘できる人だったら、数字を逆手に使って、もっとうまく批判できると思いますよ。具体的な批判じゃないんだ。

門田　抽象的な批判ですね。

高橋　批判にもならないけどね。基本的な数学的な訓練がまったくできていない人が多すぎると思いますよ。

大学入試の偏差値より、卒業するときの能力が大事

門田　今のお話で、早稲田政経が数学を必須にする理由がわかりましたけど、偏差値は劇的に落ちますね。

高橋　入試の偏差値が落ちても、社会に出るときの使い勝手で別のランキングが出るかもしれない。偏差値の高い慶応法学部出身者より、偏差値は低いけど数学ができる早稲田政経学部出身者のほうが、社会から求められるランクは高くなるということは起こりますよ。

そもそも偏差値というのは、相対的なランクですからね。サンプルの取り方によって全然違ってくる。私立文系の人だけを集めた中での偏差値七十と、国立文系の人を集めた中での偏差値七十は、同じではない。

社会に出るときには、私立文系も国立文系も理系も合わせて、実需価値で判断される

ことになるから、大学入学時点の偏差値なんて関係ないですよ。

日本は、大卒の初任給はみんな一律でしょう。どこの大学を出ようが、どこの学部を出ようが初任給は一緒。海外は、大卒の初任給がけっこうバラバラ。どこの大学のどこの学部を出ているかで初任給に差がある。

これからは、日本も大学・出身学部によって初任給がばらついていく可能性があると思いますよ。そうなると、大学入試の偏差値なんかはまったく関係がなくなる。大学の価値はマーケットバリューが高いかどうかで決まってくる。

門田　今おっしゃったように社会に出るときには、高く評価されるかもしれないけど、早稲田と言えば政経学部が看板学部です。偏差値レベルで、法学部と逆転してしまうかもしれないけど、それに政経学部は耐えうるんですかね。ものすごい挑戦というか、賭けみたいなものですよね。

髙橋　大学経営的に見たら、どっちでもいいんですよ。数学が苦手なら、今まで政経学部に入っていた人が法学部に入るだけだから。大学内の学部間の移動でおさまる話なら、大学経営者としては、早稲田に入ってくれればどこの学部でもいいということじゃないですか。

門田　数学の配点は高くするんですかね。

高橋　配点は非公表のほうがいいと思いますけどね。こういうものは、やってみないとわからないんですよ。配点を非公表にしておいて、やってみて調整していく。数学ができる受験生の合格率が高くなるのか、そうじゃないのかは試験をしてみないとわからない。

　これも文系と理系の発想の違いで、文系の人は、いったん配点を決めたらそれを固定化しようと考えるけど、理系の人はやってみて調整していけばいいと考える。一回やっただけでは傾向はわからないから、何回かやってみて何年後かに調整すればいい。文系の人は、おそらく、そういう発想にはならないと思いますけどね。

第六章

官僚主導国家からの脱却なくして「日本再生」なし

「天下り」と「受託収賄」はまったく同じ構図の犯罪

門田　マスコミや安全保障、憲法、経済など、いろいろと議論してきましたが、「国家百年の大計は教育にあり」――やはり教育が大事ということで、文科省の話に移りたいと思います。文科省は大学への交付金、補助金など予算配分を全部自分たちでやっています。東大へは八百億円くらい交付金を出している。私立への補助金は、昔は学生数の多いマンモス大学の日本大学が一番だったけど、今は早稲田大学で、だいたい九十億円くらいです。

お金だけでなく、人も送り込んでいる。大学の事務局長に職員を出向させて大学を抑えているわけです。文科省を辞めてからもＯＢが天下りで大学に潜り込んでいます。前川喜平氏は、カケ問題で「行政が歪《ゆが》められた」と言ったけど、行政が歪められたどころか、自分たちがめちゃくちゃな行政をしていて、禁止されたはずの天下りもいまだに続けている。文科省は受託収賄容疑で逮捕者が出るなど次々と不祥事が起こっていますが、文科省についてはどう見ていますか。

髙橋　ひどいとしか言いようがない。実は、天下りと受託収賄って、まったく同じ構図なんです。どちらも自分たちの持っている権限を行使したり、権限の行使を相手に期待させたりしながら、自分たちが美味しい思いをさせてもらう。個人でやったら「受託収賄」になるけど、組織でやると「天下り」と呼ばれる。天下りと呼ばれていても、実態は受託収賄。天下りは、事実上の犯罪行為だから法規制しなければいけない。

私は、第一次安倍政権で官邸にいたときに天下り規制の法案を作りました。その当時、天下りと受託収賄が同じだと言っている人は、私しかいなかった。「天下りを規制するのは、受託収賄という犯罪をなくすことと同じだ」と言ったら、みんなが納得してくれて、天下り規制が実現できた。

だけど、いまだに文科省はわかっていなくて、天下りをやっている。実は違法行為の天下り斡旋の中心人物だったのに、その天下り斡旋の責任を取ってという形にして、渋々辞めたのが前川喜平氏です。

門田　天下りと受託収賄が同じ構図というのはわかりやすいですね。文科省は両方やっていたから、よくわかります。息子を東京医大に入れようとして、受託収賄の疑いで局長が逮捕されましたしね。

高橋　同じなんです。文科省が大学に対してこんなに力を持っているのは、昔は国立大学は文科省の一部局だったからです。文科省から見ると、国立大学は一個下の組織で、子会社みたいなもの。今でも、文科省の役人は国立大学は自分たちの部署の一つという認識ですよ。国立大学の事務局に職員が行くのは普通のことという感覚です。

門田　単なる内部異動ですよね。

高橋　民間でいえば、「親会社から子会社に出向する」という感覚です。国立大学が独立行政法人になった今でもその感覚でやっているわけです。

二〇〇一年から国立大学は独立行政法人になったのに、運営交付金をちらつかせて、相変わらず事務局に職員を送り込んでいる。独立行政法人になったから、本来は、予算をすべて文科省に依存するのはおかしいんです。

私立大学の場合はちょっと違っていて、いろいろな補助金があるから、それをちらつかせて天下っている。

「国民一人ひとりが主計官」になった「ふるさと納税」

門田　文科省の予算配分権を文科省から切り離すことはできないのですか。

髙橋　できますよ。第一次安倍政権の時に、一つ予算要求をした案件がある。どういうものかというと、大学が寄付金を受けられるようにするというもの。寄付をした人は税制上の恩恵を受けられるようにする。そういう案を作って予算要求をしたんです。

門田　「ふるさと納税」みたいですね。

髙橋　「ふるさと納税」とまったく一緒の発想です。ふるさと納税の制度も、菅義偉《すがよしひで》さん（当時、総務大臣）から言われて、私が具体的な実施案を考えたんだけど、ふるさと納税の「自治体」を「大学」に置き換えただけです。

ふるさと納税のほうは、菅義偉総務大臣が二〇〇七年五月に創設を表明した。それを受けて考えた。ふるさとに納税した人は、納税した分だけ地方税が安くなるという案が一番簡単そうだったから「これでどうですか」と言ったら、菅さんがものすごく頑張ってくれて通してくれた。

でも、内実は、総務省と財務省は猛反対だった。自分たちが予算配分できなくなりますからね。こんなに猛反対があって実現した例は過去にはなかったけど、菅さんのおかげです。

あえて言うと、過去に一個だけ似たような例があった。政治資金の寄付金が同じ制度なんです。二千万円までですけど、政治資金の寄付金は寄付金控除を受けられる。政治資金の寄付金制度は役人が提案したんじゃなくて、政治家が自己都合で（？）提案し成立した。

ふるさと納税は役人の私が提案しちゃったから「とんでもない」と言われた。財務省は「俺たちが配らないのは不適切だ」と文句を言ってきた。財務省は所得税を対象にすることには強硬に反対していたんだけど、最終的には東日本大震災の時に所得税も対象になった。

ふるさと納税を作った当時の自民党の中川秀直幹事長は、これを評して「国民一人ひとりが主計官になる」と言っていた。政治家だから、やっぱり面白いことを言いますよ。

門田　学園闘争で暴れた体験を持っている世田谷区長の保坂展人《ほさかのぶと》さんは、ふるさと納税する人が多すぎて世田谷区の住民税が減っていると言っているらしいですね。「これでは学校施設の改善もできない」と。内申書闘争などをやった人が何を言っているのか、とおかしくなりますね（笑）。

髙橋　はっきり言えば、世田谷区の住民にとって世田谷区が魅力がないということですよ。選挙民は区政に満足していないからそうするんですよ。区長は嘆く前に、もっと有権者、選挙民の話に耳を傾けよ、ということですよ。

ふるさと納税は、よってたかっていじめられた。今もいろいろと難癖つけての見直し論が出てきていますよね。当時、発案者の私もすごくいじめられましたよ（笑）。だけど、日本の有権者が選挙以外で意思表示できる数少ない制度なんです。

ふるさと納税とまったく同じことを、大学でやろうとしたんだけど、こっちはできなかった。

「文科省の天下り研究」に科研費は出ない

門田　大学への寄付金制度は、私が母校の中央大学に寄付をしたら、その分だけ税金が安くなるということ？
髙橋　そうです。門田さんならもっとたくさん寄付できるだろうけど、たとえば中央大学に十万円寄付をすると、十万円分所得税が安くなる。税金で十万円を取られて、それが文科省経由で中央大学に行くのと、直接十万円が中央大学に行くのと同じでしょう。

お金の流れが違うだけ。

門田　文科省を〝中抜き〟できるわけですよね。

髙橋　そう。税金を取られて役所から大学に配分するのも、納税者が大学に直接税金を出すのも同じことですよ。

大学はお金を出してくれる人に目を向けるようになる。文科省に目を向けずに、寄付をしてくれる一般の人に目を向ける。ふるさと納税もそういう趣旨なんです。自治体が、交付金を出してくれる国だけじゃなくて、寄付金を出してくれる一般の国民に目を向けるようになるだろうと。

大学への納税寄付金の制度はけっこう画期的な案だった。でも、当然、中抜きされる文科省は面白くない。大学に他の資金源ができたら、自分たちの言うことを聞かなくなるからね。それで、文科省は強硬に反対した。財務省も反対した。財務省も中抜きされるから。

文科省から予算要求できないから、結局、大学とは関係ない内閣府から予算要求したんですよ。でも、当然のことながらつぶされましたけどね（苦笑）。

ふるさと納税とまったく同じ構図だけど、片方のふるさと納税は菅さんが頑張って通って、大学のほうは誰も頑張らずにつぶされた。

　こういうふうに、やろうと思えば、大学へのお金の流れを変えることはできるんです。直接ふところに入ってくる寄付金になれば、大学から見て文科省がありがたくなくなるわけ。文科省に顔を向けなくても、他からお金がもらえるとわかったら、文科省のほうなんか誰も見向きもしなくなる。

門田　金の切れ目が縁の切れ目（笑）。そうなれば、文科省から予算配分を分離できる。

髙橋　予算配分の分離というよりも、寄付金で直接やったほうが簡単なんです。予算配分の権限を文科省から分離したとしても、最終的にはお役所の何処かが配分を判断することになると、結局同じ構図ができちゃうから。

門田　委員会をつくってやることはできないんですか。文科省の外に委員会をつくるとか。

髙橋　文科省の外に委員会をつくっても、事務局に文科省職員が入り込むから結局同じことになるんですよ。こういう裏舞台での根回しめいたことは役所は得意だから、どんなに分離しても、事務局を抑えて事実上は自分たちの傘下に収める。

門田　せっかく内閣人事局があるわけだから、内閣が独立した委員会を設置して、大学への配分はそこに任せるというというのはどうですか。

髙橋　大学の数が多いから、件数が多すぎて委員会レベルでは対応できないと思いますよ。もし委員会にやらせるんだとしたら、もう一個、文科省をつくるみたいなことになって第二文科省ができる。私は納税寄付金にして処理したほうが、お金の流れが変わっていいと思います。どんな委員会をつくっても、官僚は巧妙だから、どこかで関わることができるんですよ。

門田　文科省は、一般に思われている以上に、最強官庁なんですね。

髙橋　最強ですよ。だって、大学関係者で文科省の悪口を言える人なんて誰もいないから。大学には科研費というものがあって、最近よく話題になりますよね。左翼の学者がちゃっかりせしめていると。科研費は豆まきみたいなものだから、たまに当たる。何回も申請していれば、ときどきもらえるものなんですよ。でも、私は七年くらいずっと外れている。

門田　申請はしているんですか。

髙橋　大学が「申請して下さい」って言うから、「無理だと思いますよ」と言いつつ、一応申請はしている。落ちるのは見越してやっていますけどね。去年申請したのは「文科省の天下り研究」だから（笑）。

門田　ハハハ。

髙橋　見事に落っこちました（笑）。科研費をもらえるわけがないよね。だけど、天下りしている組織だから研究したくなるでしょう。

門田　「週刊東洋経済　臨時増刊　本当に強い大学二〇一八」によると、二〇一六年度決算（二〇一七年三月期）で、寄付金をもらっているトップは、慶応大学。八七・三九億円。二位は創価大学で七一・四三億円。どちらもOBの愛校心が強いからでしょうか。三位は豊田工業大学。ここはトヨタ自動車が作った大学だからということでしょうね。四位はアメフト悪質タックルで不祥事を起こした日本大学。四一・六三億円。マンモス大学だから卒業生も多い。六位は早稲田大学で三〇・九五億円。二十五位の福岡大学までが、十億円を超えている。私学助成金がゼロになっても、「納税寄付金」が倍に増えればやっていけますね。

髙橋　そもそも公の支配に属していない私立学校に税金を投入するのは憲法八十九条（公金その他の公の財産は、宗教上の組織若しくは団体の使用、便益若しくは維持のため、又は公の支配に属しない慈善、教育若しくは博愛の事業に対し、これを支出し、又はその利用に供してはならない）違反という議論があるんだから。自衛隊は憲法違反と騒ぐ私立大学の憲法の先生が、このことには沈黙するのはおかしいよね（笑）。

もっとも、憲法違反だといい過ぎると私学助成が受けられなくなるし、受けようと思うと憲法八十九条の「公の支配」に属さなければいけない、つまり私学の自主独立が歪められるので、私学の立場からは「言うな」となるでしょう。

世界の大学は、寄付金で運営するのが当たり前

門田　そうですね。それにしても、文科省は、本当に官僚の劣化《れっか》が激しい。「面従腹背」を座右の銘としてやってきた前川のような人がエリートとされて次官になった。受託収賄の疑いで逮捕された科学技術・学術政策局長だった佐野太という人もいました。

髙橋　佐野という人は、科学技術庁のほうから来た人だけど、科技庁も文科省とほとんど同じような構図ですよ。ともあれ、文科省は、大学なんか完全に見下している。権限が強くて大学をがんじがらめにしている。加計学園の件もそうでしたが、新学部設置の申請すら受け付けないということを平気でやる。あれは大学側が不服審査したら文科省

は絶対負けますよ。

門田　経産省みたいに権限があまりない省もあるけど、文科省は権限が想像以上に強いですね。

髙橋　強いですよ。国立大学は文科省ルートしか資金源がなくて、寄付金のような外部資金は受付できないように押さえ込んでいる。

なぜ私が大学の寄付金制度を考えたかというと、海外の大学は、寄付金のほうが多いからです。大学に寄付をしたいという篤志家《とくしか》は、世の中にものすごく多くて、卒業して財をなすと、大学（母校）に恩返ししたいと考える。寄付をするとその人の名前が付いた講座や施設ができたりする。東大の安田講堂だってそうでしょう。

門田　安田財閥の安田善次郎さんの寄付ですね。

髙橋　そういう人は世の中に多いんですよ。どこの国もそうで、それが標準。寄付金で大学を運営するのは、大学の自治を守り、大学のステータスを高めるためにも必要だから、納税寄付金制度を提案したんです。寄付金がたくさん集まることは、世間のその大学に対する評価が高いことの反映みたいなものなんですよ。

海外の大学では寄付金を受けるというのが当たり前で、日本のように文科省が予算を全部配ること自体がおかしい。だけど、誰もそれを変だと思わない。

門田　髙橋さんの案だと、大学に百万円寄付したら、所得税が百万円安くなる？

髙橋　元の案はそうでした。実際にやるとなると、百万円を寄付して、八十万円税金が安くなるというぐらいになると思いますけど、そのくらいならいいでしょう？

門田　いいですよ。みんな母校に寄付しますよ。

髙橋　東日本大震災の後には、ふるさと納税をする人がものすごく増えたけど、寄付をする人は多いんですよ。大学だって出身者たちは母校に寄付しますよ。その分、税金も安くなるんだから。

世界の私立大学は「裏口入学」だらけ

門田　寄付金をたくさんもらったら、私立大学はそのお子さんやお孫さんが受験生になったら優遇することになるのを危惧する向きがあるかもしれませんね。昨今の私立医大の騒動も……。

髙橋　今だって、私立の小学校などは有名人の特別枠みたいなものはあるじゃないですか。ハーバード大学でもどこでも、世界ではいくらでもありますよ。チャイナマネーでアメリカの大学に多額の寄付をして、中国人がどんどん留学していると言われるけど、私立大学の場合は別にいいんです。手続きさえきちんとしていれば、かまわない。

門田　大学に入ってから、成績が悪かったら落とすとかね。医学部に入れても、国家試験に通らなければ医師にはなれませんからね。

髙橋　それだけの話ですよ。日本では「裏口入学」と呼ばれたりするけど、それを言ったら、世界の私立大学は「裏口入学」だらけですよ。

ペーパーオンリーの一般入試を受けずに、面接だけで入学するという点で言ったら、「一芸入試」もあるし、「AO入試」にしても人物で採っているところもある。筆記だけの一般入試が当たり前だと思っている人が多いけど、現実を見ると、日本の私立大学はAO入試や学校推薦で合格する人の比率はけっこう高く、半分くらいです。スポーツ選手枠だってある。

だから、寄付金というのも、人物の要素の一つと見て割り切ったほうがいいんじゃないですか。親が金持ちだから……ということは「格差」になるかもしれないけど、そういう余剰金を使って成績優秀者は授業料免除にしてあげればいい。そのほうが学生の多様性が確保される。変な人が卒業して社会に出たら、大学のブランドに関わるわけだから、ものすごく変な人を入学させることにはならないと思いますよ。進級試験もちゃんとやればいい。

私立大学がこういうことをやり始めると、国立大学はきつくなる。国立大学は、寄付額で優先入学といったことはさすがにできませんからね。

だから、極端な話かもしれないけど、私は、国立大学は全部民営化すればいいと思っています。すべて私立大学化すればいい。

世界の先進国で、国立大学がトップクラスという国はほとんどないです。どこの国もトップクラスはみんな私立大学。アメリカなんか国立大学はなくて、かろうじて州立大学があるだけだから。

門田　アメリカには国立大学はないですね。

髙橋　ないない。州立はそんなに上位大学とは見られていない。ハーバードもエールもプリンストンもみんな私立です。

門田　イギリスのオックスフォード、ケンブリッジも私立ですね。

髙橋　私立です。アメリカの状況を日本に当てはめるとすれば、国立大学が全部なくなって、私立大学と県立大学だけになればいいだけ。

国民に対して最低限の教育は保障したほうがいいから、教育を担当する組織がない国はないんだけど、よその国は私立大学が基本だから、役人がすべての大学の権限を握るというようなことはないですよ。ＯＢたちの寄付金で原則運営しているので、役人が何か言っても誰も聞かない。

日本も全部私立大学にして、授業料と寄付金で原則として賄うようにすれば、文科省が下手な口出ししても言うことを聞かなくなる。私は、文科省は残しつつ、換骨奪胎するのがいいのではないかと思いますよ。

消費増税より「納税者倍増」計画を実施せよ

門田　ところで、二〇一九年秋には消費増税が行なわれ、八％が一〇％に引き上げられる予定です。少子化対策のためにも必要だというふれこみですが、これはちょっとおかしいのではないですか。

というのも、以前、読売テレビの「そこまで言って委員会ＮＰ」で、私は、少子化対策として「子育て支援金」を設け、「国は第一子に百万円、第二子には三百万円、第三子には一千万円を出すべきだ」と主張したことがあります。本書の中ですでに何度も指摘していますが、このまま少子化が続けば、二〇七〇年には日本の人口は、「六千五百八十一万人」に半減することが統計上、明らかになっています。つまり、「少子化の縮小再生産」が現在進行中です。

「未来の日本の姿」として、これをどう受け止めるかは、日本人それぞれによって異なるでしょうが、九条改憲以上に、安倍政権はこの少子化問題に真剣に取り組むべきです。そのために、多くの女性に取材をさせてもらった上で、効果のある少子化対策として、「子育て支援金」が必要だと考えるに至ったんですよ。これを私は、未来の納税者の数を「増やす」という意味で、「納税者倍増計画」と名づけ、講演会その他でも、よく披露させてもらっています。

髙橋　かつての池田勇人首相の「所得倍増計画」の新バージョンですね。

門田　そうです。私がこの案を披露したら、番組では「桁《けた》が小さすぎます。第一子には一千万円、第二子には二千万円出すべきです」と竹田恒泰氏から批判されました。いくらなんでも、それはちょっとケタが大きすぎるのではないと思いますが、要は、それぐらいドラスチックな案でなければ、「納税者倍増」は実現しないということでしょう。

高橋　デフレ下で消費増税をすることによって、景気の腰を折った過去の経験からすれば、二〇一九年秋の一〇％への増税は愚策でしかない。

それよりは門田さんのいう「納税者倍増論」のほうが新鮮ですよね。まぁ、出産率を高めるのは、正直いって至難の業です。確実な方法がわかれば、ノーベル賞級でしょう。

子供を持つのは、金銭的な要因はごくわずかで、その他要因というのはある程度わかっています。ですから、お金を給付しても、出生率がどうなるのかは、神のみぞ知る世界。その一方、世間でいわれている人口減少危機論はかなり怪しいですね。今度、『未来年表　人口減少危機論のウソ』（扶桑社）という本を出したので、人口問題で改めて議論しましょうか。

第七章

マスコミが不要になった「首脳がツイッター」という時代

BPOは活動家たちの主義主張の場になり果てた

門田　さて、最後に全共闘世代など、年輩の方々の思考能力に悪影響を与えているテレビを取り上げましょうか。

放送の世界ではBPO（放送倫理・番組向上機構）Broadcasting Ethics & Program Improvement Organization）というのがありますよね。日本放送協会（NHK）や日本民間放送連盟（民放連）とその加盟会員各社によって出資、組織された任意団体です。初めの頃のBPOは普通の人が委員になっていましたが、だんだん活動家系の人やドリーマーの人たちが入り込んで増殖していきました。その結果、当初考えられていた組織とは全く別の〝政治集団〟と化してしまいました。

テレビ放送の番組内容に問題がないか、問題があればどうすべきかなどを検証するためのものから、いつのまにか、活動家たちが自分たちの主義主張を訴える場になり果ててしまった感があります。BPOについて、髙橋さんはどう思っていますか。

髙橋　はっきり言えば、なんとも思っていません（笑）。テレビ局の人が気にしているのは知っているけど、朝日新聞や相撲協会が、身内に不祥事が起こったときに慌てて「第三者委員会」を作るのと同じレベル。第三者委員会みたいに、ないよりもあったほうがいいという程度のものです。BPOのメンバーを見れば、自分たちの作った番組を自分たちと主義主張が同じ人たちが検証していることはすぐにわかる。だから、何の意味もないですよ。

門田　もともとBPOは、裁判対策のために生まれたものですからね。名誉毀損をはじめ、さまざまな損害賠償訴訟を起こされたときに、再発防止のために「何も策を講じていないじゃないか」と、これまで何度も裁判官に叱られてきたわけです。それで、裁判所への言い訳のひとつとして、「私たちはこうして再発のためにさまざまな策を講じています」と言わなければならなかった。そのためにできたのがBPOです。

髙橋　裁判になったときに有利に働くという考えかもしれないけど、テレビ局の意見と同じことを言っているだけだから、裁判用の対策にもならないと思いますよ。裁判はきちんとした証拠を元に行なわれる。BPOの作成するような資料はまったく役立たないと思います。

テレビ局の経営者たちがそれに気づけば、いずれ廃《すた》れていく制度でしょうね。BPO

を作って公正中立の素振りをするくらいなら、優秀な弁護士を顧問に雇ったほうがいいと思いますけどね。

ただ、テレビ局の現場の担当者たちは、ＢＰＯをものすごく気にしていることは感じています。

門田　私は、ＢＰＯを「萎縮《いしゅく》モンスター」って呼んでいます。

髙橋　テレビ局の人が萎縮するということですか。

門田　そう、テレビマンが異常なほど気にしていますからね。ＢＰＯに訴えられて、ここで問題視されれば、自分の社内での出世に直接、関係してくるんです。だから、滑稽なほど気にしていますよ。

髙橋　門田さんはテレビに出ているときは、何か言われますか。

門田　プロデューサーから、プレッシャーを受けたことはないですね。

髙橋　私は、ＢＰＯに資料を出させられたことはありますよ。ＢＰＯに財務省の審議会の委員の人が入っていて、私の発言に対して「この発言はいかがなものか」と指摘してきたので、根拠となる資料を出させられました。私は、国際比較のデータなどエビデンスをもとに話しているから、発言の根拠となるデータをきちんと出しましたよ。結果的に、そのあとは何もなかった。

でも、そんなことがあると、プロデューサーやディレクターから見たら、私を厄介な危険人物とみなすことになるのは間違いない。ＢＰＯの財務省寄りの人に文句を言われそうだから、今後は髙橋は起用しないでいようとなってしまう（笑）。

門田　髙橋さんがよく出ている「アベマＴＶ」はどうですか。

髙橋　「アベマＴＶ」はテレビ朝日がやっているインターネット放送だから、六本木のテレビ局と同じ場所で収録をしています。作っているのはみんなテレ朝の人だけど、テレビより基準は緩いですよ。放送法で縛られていないからＢＰＯは関係ないと思います。

役所もＢＰＯと似たような組織を作っていたからよくわかる。「有識者による審議会」というやつですよ。外向けに審議会を作って、民主的にやっていますよと取り繕っているけど、審議会は役所の言いなりの「ポチ学者」ばかり集めていることが世の中の人にわかっちゃった。だから、最近はあまり審議会を利用できなくなって、単発の研究会を作ってすませている役所も増えています。ＢＰＯもその程度の研究会の一つということじゃないですか。

「電波オークション」は世界の常識

門田　テレビ業界、特に一部の地上波の偏向ぶりはすさまじいものですが、一応、建前は、放送法四条を守っているふりをしています。放送法四条は、「番組は政治的に公平であること、報道は事実をまげないこと、意見が対立している問題では多くの角度から論点を明らかにすること」ということが明記されているわけですが、地上波のテレビは、〝情弱〟、いわゆる情報弱者たちを相手に思いっきり、この四条を無視した偏向報道をやっています。

それは、テレビマンたちもわかっていて、今までの自民党議員と同じように安倍首相が、「放送法四条をきちんと守れ」と、圧力をかけてくるんだろうと予想していたわけです。しかし、実際は、まったく逆でした。「偏向報道は好きなだけやりなさい。その代わり、電波は国民の財産ですから、新規参入を認めて、オークションにかけてやります」という言い方をしてきたわけです。

これには、テレビ業界が仰天した。まさかそういう形で「自由化の嵐」がやってくると思わなくて、滑稽なほど大慌てになりました。

高橋　私はずっと昔から電波オークションを主張している。電波という国有財産の処分は入札によるという日本の会計法にもそういう規定がありますし、世界では当たり前。先進国で電波オークションをしていないのは日本だけです。新聞やテレビがこのことを報道しないから、一般の人は「電波オークションって何？」と思っているでしょう。

かいつまんでいうと、電波オークションというのは、電波の周波数の利用権を競争入札にかけることです。二〇一七年九月十二日、日本政府が電波オークションの導入を検討していることが報道されてから、議論にのぼるようになってきました。電波オークションが導入されると、放送・通信事業者は、使用したい周波数の利用権に最高額をつけて落札する必要が出てきます。いままでは、放送・通信事業者は総務省に申請することで周波数を割り当てられてきました。このうち特に放送事業に関しては、割り当て可能な周波数に対して申請者が多いため、事業計画や番組内容に基づいた比較審査が行われていて、そのため、放送事業への新規参入は難しく、特に地上波放送については実質的に不可能になっている。これを、公平にオークションにかけてやれと言うのだから、テレビ業界からは、私は危険人物として扱われている（笑）。

こんな電波オークションは、世界では普通のことなのだから、ごく普通の話をしているだけなんです。でも、テレビ業界の人たちは、みんな震え上がっちゃう。というのも自分たちの既得権益がなくなるからですよ。

電波利用料は今までは業界全体で五十億円くらいだけど、オークションにしたら二桁上がりますよ。二桁上がると、ほとんどのテレビ局はもう負担しきれなくなる。

電波オークションをして、さらにチャンネル数も増えたら、テレビ局はやっていけない。切実な経営問題になるでしょう。でも、切実な問題になってくれたほうがいい。そうしたら、くだらない偏向報道はやりたくてもできなくなる。安価な電波利用料で、安泰で悠然と経営できるから、おかしな報道をするんです。

マスコミの質が低下したと言われるけど、議論されている法案の中身も、公開されている告示も読まないで報道するような人たちですからね。新興勢力と競争をさせれば少しは質が上がっていくかもしれません。

昔「MOF担」、いま「波取り記者」

門田　電波オークションというのは、これまで本気で検討されたことはないですか。

髙橋　実は、一回仕掛けたことがあるんです。私が竹中平蔵さんの下で、総務省にいたときのこと。二〇〇七年に郵政民営化が終わって、もうやることがなくなっちゃった（笑）。それで、今度はＮＨＫの民営化をしようとした。そのときに電波オークションもやりましょうという話になって、研究会まで作ったんだけど、悲惨なくらいボコボコに叩かれた。小泉首相も途中で引いてしまって、結局二〇〇七年に報告書が出ただけで終わった。その流れをくんでいる人がまだ残っていて、安倍首相に提案しているみたいです。だから、安倍さんが興味を持って前述したような形で話が進んでいった。規制改革会議で議論をしているんだけど、そこにいる人たちは、過去の経緯はよく知らないらしい。知らずにシナリオを書いているけど、基本的な構図は十年前と一緒ですよ。電波オークションをして、新規参入をさせる——というものです。

前回は、ＮＨＫが強烈に反対したから、今回は手を変え品を変えてやっている。少しＮＨＫにすり寄っているんです。何かというと、ＮＨＫがやりたがっているネットとテレビの同時配信を認める。民放はネットとテレビの同時配信はできるんだけど、やろうとしない。ＮＨＫは、法律を変えないとできないから、ＮＨＫが望むように法改正して同時配信できるようにする。これが始まると、今まで安泰だった民放の状況が大きく崩れますよ。

今回は、揺さぶり方がうまかった。最初に放送法四条の話を出して、高い球を投げておいてすぐに引っ込めて、オークションを持ち出した。オークションは強烈なイメージがあるけど、やり方のパターンがたくさんあって幅が広い。いかようにもできるんです。

総務省はもちろん嫌がっています。電波を配分する利権がなくなってしまうから。総務省にいたときによくわかったけど、テレビ局のロビイング活動って、すごいんですよ。総務大臣室にいると、年中テレビ局の人が挨拶に来ていた。

門田　髙橋さんは大臣補佐官でしたからね。

髙橋　テレビ局の人がたくさん来るけど、最初は、どういう人たちなのかよくわからなかった。そのうちに、電波関係のロビイング活動をする「波取り記者」という人たちだとわかってきた。総務省記者クラブには、原稿を書く記者と、こういう「波取り記者」とよばれるロビイストの二人が配属されている。

「波取り記者」というのは、放送局の記者であっても、取材もしないし、原稿も書かない。ただ総務大臣の側に来てロビイングしているだけ。ＮＨＫの海老沢勝二さんは、ロビイングの専門だった人。そういう人がテレビ局の中で偉くなる。

銀行、証券などの金融機関関係者で、財務省（大蔵省）にへばりついていた「ＭＯＦ担」っていたでしょう。大蔵省（Ministry of Finance）に頻繁に出入りし様々な情報を官僚から聞き出すのが仕事の人たち。自社に有利な様々な情報を大蔵官僚から聞き出すことに専念していた。その行き着く先が、大蔵官僚を接待漬けにした「ノーパンしゃぶしゃぶ」騒動……。

金融機関では、昔はそんなＭＯＦ担が出世したけど、それと同じ仕組みで、放送業界ではロビイングするだけの「波取り記者」が出世しているんですよ。

誰でもネット上で自分の「放送局」を作れる時代

門田　電波オークションに慌てふためいているテレビ業界ですが、今後はどうなっていくでしょうね。

髙橋　海外の状況を見ると、テレビとネットとの競争が激しくなっているから、日本でもネットとの競争が激しくなるんじゃないですか。

「アベマTV」は、流れに抗しきれなくてテレビ局自身がネットに乗り出したものですが、相変わらず「親方日の丸的」なテレビ局の発想でやっているからうまくいかない。電波が自由になって、インターネット放送がどんどんできるようになって、民間からの参入が増えれば、誰が勝つかわからない世界ですよ。

簡単な放送設備があれば放送できるから、誰でもチャンスがある。テレビ業界は、アメリカの有線放送の状態に近くなるんじゃないかと思います。何百局もあって、それぞれの局がニッチなところで覇権を握っている。全国ネットのようなものは厳しくなって、有線で特化しているところだけが生き残っている。デパートみたいに何でもある店じゃなくて、専門店が生き残る――。そういった予想はできるけど、チャンネル数がものすごく増えるから、最終的には混沌としてどうなるかわからない。

門田　ユーチューバーみたいな人が増えてくる？

髙橋　それもあるでしょうね。簡単にできますからね。門田さんは、ネットで何かビジネスをしていないですか。

門田　あまりに忙しすぎて、たまにブログを書くので精一杯です。

髙橋　もったいない（笑）。私もネットで書いているだけだったんだけど、「もっと稼げますよ」と言われて、ネットを使って社会人向けの塾をやっている。

しゃべったものをビデオで撮って、そのまま流している。以前は、自分で書いたものを有料で売っていたけど、書くのは手間暇がかかる。だから、ビデオで撮影して会員制にして会員にだけ配信するようにした。何百人か集めると、けっこういい収益になりますよ。たぶんそれだけでも食っていけると思う。

門田　友人から、ネットで動画をやるから準備しておけ、と言われていますけどね。

髙橋　絶対にやったほうがいいですよ。書くよりしゃべるほうが楽だから（笑）。私は、一時間話したことを三十分くらいに分けて、月に四回くらい会員向けに配信しています。たとえば、安倍さんが訪中した時の日中首脳会談があれば、その背景にあるものは何かという解説をするんです。テレビや新聞は、記者のレベルが低くてまったく解説できない。だから、わかりやすく解説してあげると喜ばれる。テレビや新聞の報道の間違いを指摘するだけでも、すごく受けますよ。

米中関係でも、北朝鮮問題でも、日本のマスコミは読みを外す。私も読みが外れることはあるけど、打率は七割くらいだから、マスコミよりはるかに高い。読みが当たっている限り、会員は増えるんですよ。会員だけのクローズドだし、放送法も関係ないから、何をしゃべってもOK。ある意味で放送ビジネスなんですよ。

こういうのがたくさん出てきたら、誰も新聞なんか読まなくなるし、テレビも見なくなりますよ。

「高プロ」の問題だって、マスコミの記者は法律を読んでいないからきちんと解説できない。私は、法律の条文を説明しているだけなんだけど、「おーっ。そうだったのか」となる。すごく楽なんですよ。

門田 ある意味では、新聞・テレビの報道レベルの低さに助けられているわけですね（笑）。

髙橋 まったくそう。前述したように、加計学園の話だって、特区が認可したように書いていたから、「告示を読めば、間違いだとわかりますよ」と教えてあげた。

財政問題や経済問題については数学的にロジックで解説してあげる。マスコミは数学がわからないから、何もできない。マスコミが言わないことを言っているだけですけどね。もしマスコミがまともになったらこんなビジネスはできない。マスコミ人がちゃんと勉強するようになって、法律を解説できるようになったり、数学的に解説できるようになったりしたら、もうダメですよ（笑）。

でも、高プロの話なんて、法律さえ読めば新聞記者でも解説くらいはできますよ。法律を読んで、わからなければ厚労省に行って役人に聞けば詳しく答えてくれる。そのレベルのことなんですけどね。

門田さんが言うように、煽り、叩きだけやるから、どんどん記者のレベルが下がっていく。普通のことすらできない記者ばかりになってしまった。

門田　勝手に自分たちで「悪い政権」と思い込んでいるものを倒すことが自分たちの仕事だと思っているレベルですね。薄っぺらな正義感で、そのことに酔っている記者や制作マンたちばかりです。

髙橋　大臣や役人に法案の中身について聞かないで、政権を叩くためにその他のことを聞いてやろう思っている東京新聞の某女性記者が人気が出るようでは、まともな記事が新聞に出てくるわけもない。

記者クラブが「情報を独占していた時代」は終わった

門田　新聞やテレビには記者クラブ制度がありますね。これまでは記者クラブが情報を独占して、自分たちの都合のいいように、つまり自分たちの主義主張、イデオロギーに基づいて情報を加工して、大衆に下げ渡してきました。インターネットのない時代は、それでも自分たちの質の低さは、バレなかったんです。

だけど、インターネットが発達してきて、当事者が直接情報を流すようになって、マスコミが情報を捻じ曲げていることが次第にわかってきてしまった。それでも、まだ昔と同じやり方から抜け出せないんです。

先にも言いましたが、私は、インターネットが発達し、国民一人ひとりがSNSという情報発信のツールを持つに至った現代を「情報ビッグバン」と呼んでいますが、新聞はこの時代にいったい何をやっているのか、と思いますね。自分たちが情報を独占していたときの感覚を持ち続け、それがいまだに通用すると思っている。

彼らの罹患《りかん》している病いを私は、〝自己陶酔型シャッター症候群〟と呼んでいます。自分たちは権力を監視している、権力と対峙しているんだと自己陶酔し、そのうえ、自分に都合の悪い意見には全部シャッターを閉じて、耳に入れない。他者の意見を排除して自己陶酔に陥っているという最悪の病気です。マスコミの中でも、若い人たちには、早くこのことに気づいて、そこから抜け出して欲しいと思いますよ。

マスコミの人間は、ネット情報を「フェイクニュース」とみなして、「ファクトチェック」をするんだと息巻いていますが、自分自身がこの情報ビッグバンの時代に国民一人ひとりから「ファクトチェック」されていることに早く気づくべきでしょうね。

髙橋　門田さんが「情報ビッグバン」と言い出したのはいつ頃ですか。

門田　情報ビッグバンという言葉自体を使い出したのは、新潮社から独立した頃からですね。二〇〇八年とかでしょうか。しかし、そのずっと以前、つまり、在社時代から「これはヤバいな」と思っていました。二〇〇〇年頃から、この先、報道ジャーナリズムは大転換を余儀なくされるぞ、と思っていました。髙橋さんは理系の人だから、早くからわかっていたんじゃないですか。

髙橋　大蔵省にいたときに、少しの期間、広報をやっていたことがあるんですよ。そのときに記者クラブを通さずにインターネットで発信をして、大問題になったことがある。

門田　いつごろですか。

髙橋　一九九五年です。その当時は、大蔵省にはサーバーがなくて、官邸にはサーバーがあった。官邸はほとんどサーバーを使っていなかったから、「使わせて下さい」と言ったら「どうぞ」というので、サーバーを借りて情報発信をした。大蔵省で最初にインターネットで情報発信をしたのは私です。

省庁で言うと、一番最初にインターネットで情報発信をしたのは、郵政省だったと思います。郵政省はテレコムがあったから。大蔵省は二番目だった。

二番目だったけど、テレビの取材が来て「すごいものをやるんですね」と言われた記憶がある。大した話じゃないですけどね。新聞発表をインターネットでやるだけだから。今なら当たり前のことでしょう。

大蔵省には財研クラブという記者クラブがあるから、記者クラブには連番号を付けた資料を渡してあった。それでOKだと思って、発表当日に記者クラブに連絡をしないでインターネットで先に情報をアップした。そうしたら、記者クラブから抗議が来て、ものすごく怒られた。事情がよくわからなくて「すみません」と言ったんだけど、彼らにとっては、情報の独占が破綻するということで、たぶん大変なことだったんだろうね。

結局、撤回させられましたよ。撤回といってもサイトでデータを落とすだけだから簡単なんだけどね。

一九九五年にそういう体験をしたから、役所から国民に直接情報を流されるのは、記者たちはよほど嫌なんだろうなと思いましたよ。

門田　自分たちが「要らない」ことになっちゃいますからね。それに自分たちが「情報を独占している」と記者クラブの面々は思っていますから、沽券《こけん》にかかわったわけですよ。

髙橋　はっきり言えば、そうですね。大蔵省が発表する統計資料をインターネットで出しただけで大目玉を食らった。それ以降は、新聞発表の後にインターネットで流すということにさせられちゃった。

門田　インターネットの発達によってマスコミが崩れていくのを二十三年前に早くも感じていたわけですね。

髙橋　感じましたね。役所から直接情報を流せますから。新聞記者なんかいらない。彼らのために「部屋」を税金使って役所に用意する必然性もなくなる（有料ならいいけど）。私は、単に統計を発表するだけだから、記者にとってはどうでもいいことじゃないかと思っていた。記者は統計の数字をそのまま横流しするのではなくて、一応、そのデータをもとにして、解説記事を書くという仕事はあるのだから、それでいいじゃないかと。

役所の出した統計情報をそのまま横流ししてちょこっと解説つけて書くというのも、ある意味でつまらない仕事ですよ。だけど、それが記者クラブ所属の新聞記者の長年の仕事だった。
当時は私は役人だったから、役所が出した情報をそのまま書いてくれるのは、広報的には楽でいいなと思っていましたけどね。記者たちは、こっちの言ったことを逐語的に書いてくれるし、報道発表資料に統計の解説みたいなものを載せてあげると、そのまま丸写しして書くからね。広報担当の役人としてはマスコミと敵対するのは得策ではないから、むしろ、マスコミにエサをあげていたつもり（笑）。

門田　鳩にエサを撒くようなものですね。撒くと、うわっと一斉に群がってくるから。

髙橋　そうそう。広報官はエサ撒き係。私のエサは、とりわけおいしいらしくて、よく食いついてきましたよ（笑）。「今度こういう記事を書くんですけど、チェックして欲しい」と言うから、パーッと書き直してあげたら、そのまま新聞に載せていた。自分で記事を書いている感覚でした。マスコミって、このレベルなのか、簡単な仕事だなと思った。
一度、「まったく記事が書けない」と相談されて、私が全部書いてあげた。そうしたら、「デスクをすぐに通りました」って（笑）。当事者が書いているんだから間違えようがないよ。

だから、私は役所を辞めるときに、マスコミの人には負けないだろうなと思っていた。門田さんがやっているような、調査をして書く深い記事は書けないけど、役所経由でやっている記事は全部書けると思いましたよ。マスコミのルーティンな仕事はできますよ。

門田　財研クラブの人たちは、「俺は財研記者だ」と威張っていたけど、実にくだらない仕事をしているわけだ（笑）。

髙橋　つまらない仕事だと思いますよ。せいぜい、官僚間の上下関係のトラブルなどの人間関係的なエピソードに詳しい程度。

ツイッターを後追いし掲載するだけのマスコミ

門田　記者から、夜討《う》ち朝駆《が》けもされましたか。

髙橋　よくされました。ずっと張り付かれて、うっとうしかった。省庁で幹部になると車が付くけど、私はまだ財務省の幹部じゃなかったから、車は付いていなかった。朝、自宅の前に記者が車で来て、出てくるのを待っているんです。すごく嫌なんだけど、ずっと付いてこられても困る。「車の中で話を聞かせて欲しい」と言われて、役所まで車に乗せてもらったこともある。くだらない話しかしないんだけど、喜んで書くんだよね。こっちも満員電車に乗らなくてすんだりして良かったけど（笑）。

門田　検察の場合は、厳しいですよ。たとえば、新宿の戸山にある官舎。事件が佳境になってくると、官舎の前に記者がたくさん集まる。他の記者に質問を聞かれたくないし、そういう状況では検事が何もしゃべってくれないから、記者たちの側が協定を結んで、電信柱ごとに「ここからここまでは俺」「そっからはあんた」と決めて、取材していました。駅まで行く電信柱ごとに、交代で新聞記者たちが検事にネタをぶつけて話を聞くわけです。ああ、つらい仕事だなあ、と心底、同情しました。

髙橋　でも、検察官はみんなに同じことを言うしかないんじゃないですか？　一社だけ違うことを言うわけにはいかないから。

門田　いや、質問は、それぞれの社によって違うわけですよ。摑んでいる情報が異なりますからね。大阪の検察は全然ゆるいですが、東京の検察は、基本的に、ぶつけられた情報に対する反応しかしない建前になっています。だから、電信柱ごとに「一対一」の話になるわけです。

髙橋　答えることは一個しかないから同じになりますよ。起訴するのかしないのか。あとは、案件の中身でしょうね。

門田　中身について、記者たちが個別に情報を集めて、検察官に当てていますからね。大きな事件になってくると、各社とも、その記者だけでなくてチームで情報をつかんできていますから、それをひとりの担当記者がぶつけるわけですよ。だから、他社には絶対に聞かれたくないわけです。

髙橋　他の人に聞かれたくないと思うだけでも、健全ですよ。政治関係だと、談合して、メモ合わせをするでしょう。最初にその現場を見たときにはビックリしましたよ。記者たちが集まって何かをやっているから、何だろうと思ったら、私がしゃべった内容をメモ合わせしていた。みんな「独自取材」と口では言うけど、他社の記者と話し合っているんです。そういうことをやっているから、どこの会社の記事もつまらなくなる。最近はICテープで録音するから、そんなメモ合わせも減ってきているかもしれませんけどね。

門田　マスコミって、昔は文科系学生の一番の人気職種だったのに、今は3K職場の典型になってきましたからね。

髙橋　新聞記者なんて、つまらない仕事だと思いますよ。クリエイティビティがない。

読むほうだって、新聞記事を読むより、トランプ大統領や話題の人のツイッターを、朝起きてから読んだほうが、よっぽどおもしろい（笑）。

門田 そうですね。トランプ大統領は、自ら世界に向けて、政権の方針や内幕を情報発信していますからね。

髙橋 あれをやられちゃうと、マスコミの人って取材や加工のやりようがないんじゃないですか？ トランプがツイートしたらそれでお終い。新聞は「トランプがツイッターでこう書いた」と報じるしかない。そんなことはもうみんな知っている（笑）。

私もトランプのツイッターをフォローしているから、すぐに読みますよ。ニュースなんて見る必要がない。それなのに、トランプがツイッターで言ったことをそのまま新聞に書く人がいるでしょう。あんな記事、何の意味があるの？

トランプが言ったことを、どう読み取るかという解説がないんだよ。そのまま流すだけ。あれはちょっと情けないね。

門田 インターネットって、情報だけじゃなくて、論評まで流せるでしょう。クリック一つで、髙橋洋一はこう考えている、門田隆将はこう考えている、ということがすぐに出てくる。論評誌もきつくなりますよ。

髙橋　こっちは新聞や論評誌が言っていることと違うことを書いている。論評誌が完璧になったら、やることがなくなっちゃう。新聞や論評誌がいい加減だから成り立っている。

門田　マスコミがいい加減だから、私たちの仕事がもっている（笑）。

髙橋　そうそう。バカなマスコミがいなくなると、困りますよ（笑）。

門田　朝日新聞には存在してもらわないと困る、ということですか。

髙橋　そうですよ。朝日新聞がなくなったら、みんな困る。おしっこマットも、普通の紙を買わなきゃいけなくなる。資源は有効活用、リサイクルしなくちゃ（笑）。

首脳ツイッター時代では「同行記者は要らない」

髙橋　アメリカは、トランプがツイッターで発信しているけど、仮に、北朝鮮、金正恩が情報発信を始めたとしたら、北朝鮮問題で食っている人は困るだろうね。今まで言っていたことがウソだとバレちゃう。北朝鮮の内部情報なんてわかるはずがないのに、適当にしゃべっているからね。

北朝鮮が積極的に情報発信するようになったら、マスコはやることがなくなる。今は、ちょっと朝鮮語ができて、北朝鮮の国営放送を聞いている人なら、北朝鮮関係の専門家のふりをしていられるけどね。

北朝鮮と中国は、情報が制限されているからこそ、ジャーナリストにとっては最後の聖地になっている。何を書いても、誰も根拠をもって否定できないから。

門田　北朝鮮だけでなく、各国の政府からインターネットで先に情報を出されたら、記者はやることがないですよ。

髙橋　G7のときに、各国首脳が写真を出しましたよね。

門田　会議の写真ですね。

髙橋　そう。あれは最初にフランスのマクロンがツイッターに会議の写真を投稿した。そうしたら、たまたまだろうけど、安倍さんがどこにも写っていない写真だった。それを見て左派のマスコミは、ここぞとばかりに「安倍さんはのけ者になっている」と言ったんですよ。

でも、写真なんて、どの角度から撮るかで、映る人は変わるわけでしょう。そんなこともわかっていない。その後に、ドイツのメルケルがいかにも自分がトランプと直談判していかのような写真をネットに載せた。そこにはしっかりと安倍さんが写っていた。官邸もすぐに写真を投稿した。安倍さんが中心になって、トランプと談判しているような写真だった。

フランスの写真だけを見て、安倍さんがのけ者になっていると書いた記者はバカですよ。

門田　大恥ですね。その後に出てきた情報でも、トランプが、会議で「シンゾー、お前の言うことを聞くからまとめてくれ」と言ったことが明らかになりました。

髙橋　「シンゾーの言うことはいつも正しいから」と言ったわけでしょう。安倍さんにとっては、かなりのプレッシャーだったとは思うけど、左のマスコミの言っていることとまったく違うよね。

門田　情報ビッグバンだから、各国からどんどん情報が流れてくるわけです。国民のほうも、いつまでも偏向したマスコミに捻じ曲げられた情報に振りまわされるのは嫌だから、結局、そんな既存メディアからは、若者を中心に「離れていく」わけです。

髙橋　G7の首脳たちが自ら情報を発信しちゃったから、随行している記者はどうしたらいいの？　やることがないでしょう。

門田　同行して現地のプレスセンターにいても、結局、東京に入ってくる情報は、リアルタイムで中身も同じですよ。

髙橋　共同声明にしても、昔は、新聞記者が共同声明の情報をもらって、翻訳して記事にしていたけど、今はすぐにネットで発表される。簡単な英語だから、読めばわかる。新聞社が翻訳する前に、日本でもみんなが中身を知ってしまう。記者たちが大挙して取材に行く必要なんてないんですよ。通信社にまかせておけばいい。日本にいてトランプやホワイトハウスのツイッターを見ていたほうが情報が早いんだから。

二〇一八年六月のシンガポールの米朝首脳会談の時も、記者がたくさん取材に行ったけど、大した情報の発信はなかった。

門田　木と木の間から、二人の姿がちらりと見えたとかね（笑）。

髙橋　そんなのは全く意味がない。ホワイトハウスのリアルタイムの情報を見ていたほうがはるかにいいですよ。

門田　だからマスコミの価値が減って、今はもう人気職種じゃなくなってきたわけです。

いち早くトランプを抱き込んだ安倍首相の歴史的手柄

門田　髙橋さんは安倍首相から直接情報を聞いたりしますか。

髙橋　聞こうと思えば聞けますけど、あえて内々の情報は聞かないようにしていますよ。聞いても人には言えないと思うから。安倍首相から情報を聞いてしまったら、自由に言えなくなりますしね。こういう対談もできなくなる。

だけど、普通の記者よりは背景は分かっている。安倍さんの発想をある程度知っているから、首相ならこう考えるんじゃないかな、こうするんじゃないかな、という想像はつきます。

たとえば、拉致問題に関しては、安倍首相はおそらくトランプに言いまくっているだろうな、ということは想像がつく。

左の人たちは悔し紛れに「全部トランプ頼みか」と言うんだけど、当たり前ですよ。トランプは金正恩に直接会っているんだから、利用できるものは何でも利用するしかないでしょう。トランプに頼まなかったらもっとひどい状況になるわけだから。

安倍首相単独では何もできないじゃないかと言われるけど、他の人が首相でも何もできない。北朝鮮に行って交渉できる段階ではないですからね。今はトランプに頼むしかない。金正恩も安倍さんを無視するとトランプから何か言われるかもしれないから無視しづらいという状況だと思いますよ。

門田　そこまでの信頼関係をトランプとの間に作った。二〇一六年の十一月、トランプが当選を決めた直後にアメリカに飛んで、世界の首脳の中で最初にトランプに会って、彼とのコネクションを瞬時に作った。あれは見事でしたし、日本にとって、とてつもなく大きいことでしたね。

高橋　そう。あれはファインプレーです。あの会談をセットしたのは、トランプの顧問弁護士をしている人間で、私の友人です。

彼（村瀬悟）は、アメリカ生まれの日系三世なんだけど、日本語を勉強するために中学高校は日本に留学していた。その留学先が成蹊学園だった。成蹊で、中学から高校にかけて安倍さんの一年後輩だから、安倍さんも彼のことをよく知っているんです。

後から聞いた話だけど、トランプが当選したときに、安倍さんは外務省を通じてトランプと接触しようとした。でも、うまくいかなかった。日本だけじゃなくて、中国も外交ルートを通じてトランプと接触しようとしたけどダメだった。

それで安倍さんは、顧問弁護士の村瀬氏と接触するように在米大使館に指示したんだと思います。彼がトランプの顧問弁護士をしていることは安倍さんは知っていたからね。伝手《つて》を辿っていち早く動いたのが安倍首相自らだった。

あの時、安倍首相は南米に行く予定だったんだけど、途中でどうせニューヨークに寄らなきゃいけない。タイミングがバッチリと合って、セッティングできたんです。

トランプの顧問弁護士だから、イヴァンカがお子さんをものすごくかわいがっていることも知っている。安倍さんにトランプ一家の家族関係も指南したんです。安倍さんは人の話をよく聞く人だから、アドバイスが役に立ったんだと思う。当時、ピコ太郎のＰＰＡＰが流行っていたでしょう。トランプのお孫さんはＰＰＡＰが大好きだった。

安倍さんは、お孫さんに「ＰＰＡＰ」と言ったらすごく喜んで、それでイヴァンカも「安倍さんはいい人だ」とトランプに言った。トランプは娘の言うことは何でも聞くから、その時点でもう成功した（笑）。

私は、どういうルートで安倍さんがトランプに会ったのか知らなかったけど、テレビを見ていたら、トランプさんと安倍さんとが懇談しているところで見覚えのある彼が映っていたからピンときたんですよ。

門田　テレビに映っていた？

髙橋　映っていたんです。そのあと、すぐに彼に連絡すると「わかっちゃいましたか？」と言われました。彼は会談の部屋には行かなかったらしいですけどね。でも、その前の懇談している時の映像の端に映っていたからわかる人にはわかった。

こういうのは、インサイダーインフォメーションであることは間違いないけど、マスコミだって、公開情報を辿れば、気がつくことができるはずなんですけどね。

彼の父親・村瀬二郎氏が亡くなったときに東京でメモリアルセレモニーをやったんです。私は父親のことも知っているし、彼とすごく仲がいいからセレモニーに行った。安倍さんにも来てもらうことになっていて、彼から、「安倍さんが来たときには話をつないで欲しい」と言われていた。セレモニーのときに、安倍さんと彼と私の三人で相当長い時間、話をしていたんです。

セレモニーはオープンな場だったから、マスコミの人たちは「いったい何だろう」と思って見ていたらしい。三人が長く話していたことが週刊誌で報道されたくらいだから。安倍さんと彼と私の関係は、このように週刊誌にスクープされていますから、ここでバラしてもいいのでしょう。

そのときに、彼がどういう人物かを調べればよかったんですよ。調べればトランプの顧問弁護士だということはすぐにわかったはず。そのくらいのことはマスコミはやらなきゃいけないいんじゃないの？

門田　そう思います。

髙橋　彼が、トランプの顧問弁護士であるという情報さえあれば、セレモニーで長く安倍さんと話していたわけだし、安倍さんと彼のつながりが見えてくるわけでしょう。人間関係がわかれば、セッティングされた経緯もわかるはずなんだけど、マスコミの人って、何も調べないんだよね。

トランプタワーの日本人の住民に頼んだという、訳のわからないことを言っている人もいた。たぶん、そういうルートでの接触も試みたとは思いますよ。あのときは必死だったから。

門田　日本の命運がかかっていましたからね。習近平が先にトランプを抱き込んでいたら、日本は大変なことになっていました。私は、あのときが戦後日本にとって「最大の危機」だったのではないか、と思っているほどです。

髙橋　習近平は一週間接触できなかったという話です。日本が一番早かった。これは、すごいことですよ。

門田　仮に、習近平が先にトランプとの面会を実現していた場合を考えてみてください。あの中国が「真っ先に自分に会いに来てくれた」と、トランプが感激し、中国に抱き込まれていたら、いまの世界の情勢はどうなっていたでしょうか。

中国は、尖閣を日米安全保障条約第五条の「適用外」にするために、延々とワシントンでロビー活動をやっています。もし、トランプが習近平に抱き込まれていたら、「尖閣は安保条約五条の適用外だ」なんて言い出す可能性だってあったわけです。すぐに飛んでいってトランプと盟友関係をつくりあげた安倍さんのあのときの行動力は、間違いなく日本の戦後史に残るものでしたね。

髙橋　接触するためのいろいろな方法を検討して、シミュレーションしてベストな方法を選んだんだと思います。自分の人脈で誰がベストかを考えると、中高一緒だった彼になるわけです。安倍さんはニューヨークに行ったときは、だいたい彼と一緒にメシを食っていたと思いますよ。

門田　仲がいいわけですね。それが歴史をつくったわけです。

髙橋　中高の後輩ですからね。学年も一年違うだけだし。彼も心得ているから、安倍さんから連絡があったときにすぐになんとかしてあげようと思って、どの国よりも早くセッティングをしたんです。

トランプについての情報収集不足の面もあった

髙橋　トランプとの最初の会談では、実は、安倍さんは失敗もしているんです。トランプがゴルフ好きだということを知っていて、ゴルフセットを贈ったんだけど、選定を間違えた。

トランプはゴルフが非常に上手で、ヘッドスピードがものすごく速い。これは動画インターネットにでているからすぐわかる。贈ったゴルフセットはシャフトが柔らかすぎた。柔らかいシャフトは、普通はおじいさんが使うものだから、ヘッドスピードの速いトランプには、堅いシャフトのを贈らなきゃいけなかった。

まわりの人が、トランプのことをもっと研究しなければいけなかった。そこまでは調べられなかったのか、高級なものなら大丈夫だろうということで、柔らかいシャフトのものを贈ってしまった。いいクラブなんだけど、トランプには合わないらしいですよ（笑）。

フロリダに行ったときに、安倍さんはトランプと一緒にゴルフをやったでしょう。トランプはアマチュアの中でもトップクラス。歴代の大統領の中で一番うまいんじゃないかな。

門田 安倍さんは、スコアはどのくらいなんですか。

髙橋 それは国家機密です（笑）。私はゴルフをやらないから回ったことがないけど、一緒に回った人に聞くと「スコアは国家機密」と言っていますよ。しゃべっちゃった人間もいるらしいけどね（笑）。ハンデもあるから、本当のところは、よくわからない。

門田 トランプのほうは、すごい腕前らしいですね。

髙橋 トランプはアマチュアトップクラスでハンデ3だから、トランプのほうが上手であることは確かですよ。安倍さんはトランプにはいつも負ける。そこがトランプにとって「うい奴じゃ」となるらしい（笑）。

ちなみに、北朝鮮では金正恩の父の金正日はゴルフの天才ということになっているらしい。生まれてすぐにゴルフをやって、五十台が出たというのが伝説化している。全部ホールインワンをしたこともあるらしい（笑）。北朝鮮で独裁者がゴルフをやったら、いつでもホールインワンできるよね。誰かが勝手にボールを入れて、誰も何も言わないから。

フィリピンに行くとやたらとホールインワンが出るらしいですよ。一緒に回っているキャディーとグルになった子がいてポトッと入れちゃうんだって（笑）。日本人はホールインワンになると気前よく、いろいろなものをあげるからね。

トランプと金正恩がゴルフをやったら面白いと思いますよ。トランプもジョークで既に申し込んでいるかも。習近平はゴルフはしないでしょう。日本共産党の人もしない。ゴルフは、ブルジョワスポーツということになっているから。

アメリカ大統領を手のひらで転がす首相

門田　トランプが「シンゾー」を頼っていることは知られている。だけど、テレビと新聞だけが情報源の〝情弱〟の人たちは、よくわかってないようですね。

髙橋　米朝首脳会談でトランプが安倍さんを頼っていたことは知られているでしょう？

板門店とシンガポールが候補地に挙がっていて、安倍さんの言葉でシンガポールにしたことも。

門田　報道されましたから、それは知っているかもしれない。

髙橋　私は新聞を読んでいないから、どういうふうに報道されたのか知らないけど、一応、報道されたわけでしょう。

門田　でも、安倍さんのことを「蚊帳の外」と書いている新聞もありましたからね。

髙橋　あれは面白かったね。いくらなんでも蚊帳の外なら、会談の場所の相談なんかされないでしょう。相談されたときの安倍さんの答え方もうまかった。

門田　どううまかったんですか。

髙橋　「板門店なら、二番煎じになりますよ」と言った。文在寅の二番煎じということです。

「板門店にすると二対一で負けますよ」と言ったのかと思っていた。だけど、トランプに二対一で負けるというういい方をすると、彼は「俺は二対一でも勝てる」と言うかもしれないからね。「二番煎じになりますよ」というのは、アメリカ・ファーストのトランプに対して、すごくうまい言い方ですよ。そう言われたら、トランプは板門店ではやらない。彼はアメリカが一番じゃなきゃ嫌だからね。それで板門店ではなくシンガポールになったんです。

シンガポールというのは、アメリカと軍事同盟を結んでいるから中立国ではない。トランプはシンガポールの空軍基地に降りたでしょう。あそこの基地は、使用権はアメリカなんですよ。

門田　横田基地みたいにね。

髙橋　そう、横田と同じで使用権はアメリカにある。トランプはそこに降りた。一方、金正恩は、チャンギ国際空港に降りた。チャンギは民間空港だから、トランプとは全然格が違う。金正恩は、中国上空を飛んでいるときは安心していられたと思うけど、それ以外はビクビクものだったと思いますよ。下手したら撃ち落とされちゃうから。

いずれにしても、安倍首相はトランプの考え方をよくわかっている。そこを見越してうまく言った。トランプは安倍さんの言葉を受けて、シンガポールにしたんですよ。

門田　戦後の数々の総理の中で、ここまでアメリカ大統領を手のひらで操っている人はいないですね。

髙橋　いない、いない。日米首脳会談の時間を見るだけでもわかりますよ。民主党の野田佳彦首相の時は一時間やるか、やらないかというくらいだった。安倍さんの場合は、トランプと二泊三日でしょう。その間にゴルフもやったし、全部で九回食事をした。これはすごいことですよ。アメリカ大統領の時間を、一時間でも押さえるだけでも大変なのに、そんなに時間を奪ったんだから。

アメリカ以外の外交の数も違うしね。せいぜい月に一回くらいしか外国には行けないけど、安倍さんは六年くらいやっているから、八十回近く行っている。これは抜けない数字ですよ。

安倍首相は長くやっているから世界中の首脳のことを知っている。それと、安倍さんは、人物評が非常にうまい。メルケルはこういう人だとか、安倍さんの人物評は、話してすごく面白い。だからみんなが話を聞きに来る。トランプも安倍首相に世界の首脳のことを聞いているんです。安倍さんが何でも教えてあげるから、トランプにものすごく信頼されている。

日米の「強力な関係」が世界を動かしている

門田　二〇一二年に安倍政権ができたとき、日米関係は戦後最悪の状況だったわけですが、安倍さんが政権を取って、急激に日米関係が改善されました。オバマも最後には安倍首相を評価したからこそ、広島にやってきた。そして、二〇一六年の大統領選では、事前の予想に反してヒラリーが負けたけど、すぐにトランプに会いに行って、盟友となったわけです。

髙橋　それ以降、日米関係はもっと良くなっちゃった。

門田　日米関係は良くなり、トランプを手のひらで動かして、いろいろなことが動いている。それまでの地球儀を俯瞰《ふかん》する外交に、強力な日米関係が加わって対中包囲網外交もますます展開できた。世界の政治のかなりの部分に、日本の意向が影響するようになりました。これは、戦後日本の中で初めてのことです。日本は蚊帳の外どころか、主役のひとつです。ついには、米中貿易戦争で劣勢になっている中国の習近平もすり寄ってきましたからね。

髙橋　トランプは習近平は無論のこと、文在寅より安倍さんのことをはるかに信用している。北朝鮮問題は、文在寅が主役というか、一番動いたはずなのに、トランプはいつも安倍さんの名前を出す。今後もそうでしょうね。

門田　日米が連携をして圧力をかけて、二〇一七年のクリスマスあたりからは、斬首作戦がいつ決行されるのかという状況になりましたね。

髙橋　軍事オプションが用意されて、金正恩も焦って妥協に転じた。

門田　トランプは、習近平が訪米して米中首脳会談をしている最中にシリア攻撃を命じたくらいだから、何をやるかわからない。金正恩は圧力をかけられたために、ビクビクして、平昌オリンピックに向けて、突然、微笑外交を始めたわけです。その結果、米朝首脳会談へとつながっていった。その開催地も、安倍さんの言葉で決まったのです。

髙橋　米朝首脳会談の合意内容自体はふわっとしたもので、文言そのものは大したことはなかった。英語の文書を見たときには、「何だ？　これは」と思いましたよ。だけど、実際にトップ同士で交渉しているから、政治的なプレッシャーはかなり大きい。金正恩が何もせず約束を破ったときに、トランプが何をやるかわからない怖さは感じていると思いますよ。

これまでは六カ国協議があったけど、全部裏切られた。六カ国協議は役人同士が協議をやるから、内容は細かく詰めるんだけど、まったく実行力が伴わなかった。トップ同士が話したほうが、お互いにプレッシャーがあるんですよ。

今回も、トランプが裏切られる可能性はあるけど、裏切られたときにトランプが怒ることは想像できる。そのときに怒ったトランプが何をするかわからない。その怖さがあります。金正恩はトランプと差しで会談をしたから、余計にそう感じていると思いますよ。

門田　トランプのすごさは、「何をやるかわからない」ところにあります。常識や秩序を無視して、いきなり、あり得ないことをやってしまう怖さがあるわけです。世界最強の国アメリカが、そんな大統領を戴いていることは、国際社会の中で脅威というほかありません。しかし、幸いにも、その大統領が「シンゾー、シンゾー」と、日本の首相を頼りにしている。これは、激動する世界の中で、本当に大きいことですよ。

髙橋　それは間違いない。

門田　約束を履行しないと怖いよ、ということを感じさせる大統領ですよね、トランプは。

髙橋　拉致問題も、安倍さんがものすごく熱心だから、トランプもやってくれている。北朝鮮は普通だったら解決済みと言うんだけど、もうそれは言えなくなった。

門田　金正恩にとって脅威なのは、やはり、トランプと安倍との信頼関係の強さなんです。これまでなら、日本に対しても、いろんなことを言ってのけることができましたが、トランプの背後には「安倍がいる」とわかっているから、日本を意識せざるを得なくなったわけです。これ自体がすごいことだと思いますね。

髙橋　拉致問題を無視したら、米朝関係にも差し障りがあると認識しているのは間違いない。

金正恩にシンガポールを見せたのは高等戦略

髙橋　金正恩は米朝首脳会談の前にシンガポール国内を視察したでしょう。シンガポールが一つのモデルになったら面白いよ。

シンガポールが北朝鮮のこれから先の一つのモデルになって、北朝鮮の人に遊びを覚えさせて、自堕落にするというのが、アメリカの狙いかもしれない（笑）。北朝鮮を骨抜きにしてしまうという戦略。金にとっても「開発独裁」のモデルになるから、自分の地位はそれなりに安泰となるなら、この路線もあるかと納得するかもしれない。

セントーサ島には私も行ったことがあるけど、オールリゾートですよ。私が行ったときにはまだなかったけど、その後にユニバーサルスタジオができた。ゴルフ場もあるし、あの島は遊びだけのワンダーランドなんです。

門田　橋を渡ったらもうリゾート島？

髙橋　そう。遊ぶことしかできないような島です。金正恩はシンガポールで夜の視察をしたけど、セントーサ島はもっとすごい。昼間に行ったから、楽しそうな遊園地が目に入ったはずです。金正恩にそういうものを見せるという意図もあったんじゃないかと思います。金正恩は東京ディズニーランドに来て遊んだことがあるらしいから、けっこうリゾートには関心を持っているかもしれない。

リゾートというの、資本主義でないとうまく運営できないんです。レジャーや遊びは、共産主義ではあまりうまくいかない。特に、カジノのようなものは、金融を自由化しないとできない。基本的に、お金を貸し付けて回収するのがパターンだから。金融取引を自由化したシンガポールみたいにならないと、カジノはうまくいかない。マカオだって昔はポルトガル領だし、金融取引を規制しないと体制維持のできない共産圏ではたぶんカジノはできないと思いますよ。

日本でカジノ法案に反対しているのも、だいたい左の人たちでしょう。社会主義・共産主義とカジノは相容れないと思う。
金正恩が北朝鮮を華やかにするにはレジャーを入れるしかない。トランプはリゾート開発をしているから、北朝鮮にリゾートをつくる話も出たんじゃないかな。トランプにとってビジネスにもなるし、北朝鮮を骨抜きにできる。そのためにシンガポールを見せたのかもしれない。開催地をシンガポールにしたのは、けっこう高等戦略かもしれませんよ。
遊んで（スポーツ）、打って（ギャンブル）、買う（風俗）は、社会主義・共産主義を堕落させる三種の神技だと、私はまじめに思っています（笑）。
門田　すると、安倍首相は、さらなる策略として、来年（二〇一九年）に予定されている第二回目の米朝首脳会談は「東京でやるべし」とトランプ大統領に進言するといいかもしれませんね。
髙橋　それが実現して、金正恩が来日したら、北でクーデターが起こり、彼はそのままアメリカに亡命するなんてことになるかもしれない。その確率は、南海トラフ地震よりは低いけど、日本の財政破綻の確率よりは高いね（笑）。
門田　そこに来ましたか（笑）。

おわりに――真実に迫る熱い言論人魂に触れて……

門田隆将さんとの対論は刺激的だ。門田さんはジャーナリストで、人との取材を通じて事実に迫る。著作も五十冊程度出しているというのは、それだけ社会から受け入れられている証拠である。書かれている言葉は、情に溢《あふ》れてあつい。

一方、私はその対極である。人への取材はまずしないしデータばかりを追って解析し事実を追求する。未来を予測し、そこそこ当たっているのでメシが食えるのだろう。

門田さんが社会現象を「あるべき」論で熱く語り、私は国際比較とデータで、あるべき論でなく「であるだろう」と分析している。

本書の中で、LGBTに関する話が出てくる。正直って私はこういう分野は極めて苦手である。数学を大学で専攻人間なんて、奇人変人の集まりである。私の大学時代の知人で、風呂には入らないで周囲に異臭が漂う人物がいたが、数学をやっていると昼間は眠り夜起きて勉強することがしばしばで他人と接触しないので、まったく気にならなかった。大蔵省にも「変人枠」で入省したくらいだから、自分が平均値からかなりはみでた存在であることを認識しているので、他人をどうこう言う気が知れない。

また、LGBTについていろいろな人が言ってる中身が何しろわからない。それぞれの人は言葉の定義なしというか、自分流のオレ様定義で言っているからだ。それは論争というか、オレ様定義による「陣取りゲーム」のようだ。

LGBTについて、杉田水脈氏は本人がどれほど意識していたかは知らないが、タブー視せずに切り込んだといえる。これは「陣地」をとった。それに多くの人から想定外の反発があり、LGBTの「陣取りゲーム」になった。面白いもので、さらに、それに対して再批判があり「陣取りゲーム」が過熱した。

これらは、私から見ると、オレ様定義による「陣取りゲーム」だ。門田さんは、定義の違いを楽しむのさとあっさりしていた。なるほど、土俵を先に言った者が勝つ「陣取りゲーム」なのか。こういう場合、門田さんに頼るのがいい。

ただし、結末は、『新潮45』が廃刊。議論の土俵がなくなり、「陣取りゲーム」ができなくなった。

これには、新潮出身の門田さんは怒った。古巣のふがいなさに腹が立ったのだろう。熱い言論人魂で憤っているのがよくわかった。

一方、私は、新潮社は折角の炎上ビジネスチャンスを逃して残念ですねという、軽薄なものだ。実は儲からないからひそかにやめたかっただけかもと、下品な邪推までしている。

この本は、私がなんと格調の低い話をしているのかと、少し後悔の念がある。人は自分の足らざることをわきませて生きていくので、門田さんとの対論は私にとって有意義だった。読者にもそうであることを願いたい。

二〇一八年十一月

髙橋洋一
（数量政策学者・嘉悦大学教授）

門田隆将（かどた・りゅうしょう）
1958年高知県安芸市生まれ。中央大学法学部卒業後、出版社(新潮社)勤務を経てノンフィクション作家に。政治、歴史、司法、事件、スポーツなど幅広いジャンルで執筆。2010年、『この命、義に捧ぐ――台湾を救った陸軍中将根本博の奇跡』（角川文庫）で第19回山本七平賞を受賞。主な著書に『激突！ 裁判員制度』（共著・ワック）、『甲子園への遺言――伝説の打撃コーチ高畠導宏の生涯』（講談社文庫）、『なぜ君は絶望と闘えたのか――本村洋の3300日』（新潮文庫）、『死の淵を見た男――吉田昌郎と福島第一原発』（角川文庫）、『オウム死刑囚　魂の遍歴』(PHP研究所）ほか多数。

髙橋洋一（たかはし・よういち）
1955年東京都生まれ。株式会社政策工房会長、嘉悦大学教授。東京大学理学部数学科・経済学部経済学科卒業。博士(政策研究)。1980年大蔵省(現・財務省)入省。大蔵省理財局資金企画室長、プリンストン大学客員研究員、内閣府参事官（経済財政諮問会議特命室）、内閣参事官(首相官邸)などを歴任。小泉内閣・第一次安倍内閣ではブレーンとして活躍。2008年に『さらば財務省！』（講談社）で第17回山本七平賞を受賞。著書『「文系バカ」が、日本をダメにする――なれど“数学バカ”が国難を救うか』（ワック）、『未来年表 人口減少危機論のウソ』（扶桑社新書）ほか多数。

日本《にほん》を覆《おお》うドリーマーたちの「自己陶酔《じことうすい》」

2018年12月25日　初版発行
2019年１月29日　第２刷

著　者　門田隆将・髙橋洋一

発行者　鈴木　隆一

発行所　ワック株式会社
東京都千代田区五番町 4-5　五番町コスモビル　〒 102-0076
電話　03-5226-7622
http://web-wac.co.jp/

印刷人　北島　義俊
印刷製本　大日本印刷株式会社

ISBN978-4-89831-788-4